中华人民共和国学前教育法
中华人民共和国未成年人保护法
幼儿园管理条例
幼儿园工作规程
中小学幼儿园安全管理办法

大字本

中国法治出版社

图书在版编目（CIP）数据

中华人民共和国学前教育法 中华人民共和国未成年人保护法 幼儿园管理条例 幼儿园工作规程 中小学幼儿园安全管理办法 ：大字本 / 中国法治出版社编. 北京 ： 中国法治出版社，2024. 11. -- ISBN 978-7 -5216-4790-7

Ⅰ. D922. 16；D922. 7

中国国家版本馆 CIP 数据核字第 20244H3Z73 号

中华人民共和国学前教育法　中华人民共和国未成年人保护法
幼儿园管理条例　幼儿园工作规程　中小学幼儿园安全管理办法：
大字本
ZHONGHUA RENMIN GONGHEGUO XUEQIAN-JIAOYUFA　ZHONGHUA RENMIN
GONGHEGUO WEICHENGNIANREN BAOHUFA　YOU'ERYUAN GUANLI TIAOLI
YOU'ERYUAN GONGZUO GUICHENG　ZHONG-XIAOXUE YOU'ERYUAN ANQUAN
GUANLI BANFA：DAZIBEN

经销/新华书店
印刷/三河市紫恒印装有限公司
开本/880 毫米×1230 毫米　32 开　　　　　　　印张/4.5　字数/49 千
版次/2024 年 11 月第 1 版　　　　　　　　　　2024 年 11 月第 1 次印刷

中国法治出版社出版
书号 ISBN 978-7-5216-4790-7　　　　　　　　　　定价：20.00 元

北京市西城区西便门西里甲 16 号西便门办公区
邮政编码：100053　　　　　　　　　　　传真：010-63141600
网址：http：//www.zgfzs.com　　　　　　编辑部电话：010-63141799
市场营销部电话：010-63141612　　　　　印务部电话：010-63141606

（如有印装质量问题，请与本社印务部联系。）

目　　录

中华人民共和国学前教育法

（2024 年 11 月 8 日第十四届全国人民代表大会常务委员会第十二次会议通过 2024 年 11 月 8 日中华人民共和国主席令第 34 号公布 自 2025 年 6 月 1 日起施行）

目　　录

第一章　总　　则

第一条　为了保障适龄儿童接受学前教育，规范学前教育实施，促进学前教育普及普惠安全优质发展，提高全民族素质，根据宪法，制定本法。

第二条　在中华人民共和国境内实施学前教育，适用本法。

本法所称学前教育，是指由幼儿园等学前教育机构对三周岁到入小学前的儿童（以下称学前儿童）实施的保育和教育。

第三条　国家实行学前教育制度。

学前教育是国民教育体系的组成部分，是重要的社会公益事业。

第四条　学前教育应当坚持中国共产党的领导，坚持社会主义办学方向，贯彻国家的教育方针。

学前教育应当落实立德树人根本任务，培育社会主义核心价值观，继承和弘扬中华优秀传统文化、革命文化、社会主义先进文化，培育中华民族共同体意识，为培养德智体美劳全面发展的社会主义建设者和接班人奠定基础。

第五条 国家建立健全学前教育保障机制。

发展学前教育坚持政府主导，以政府举办为主，大力发展普惠性学前教育，鼓励、引导和规范社会力量参与。

第六条 国家推进普及学前教育，构建覆盖城乡、布局合理、公益普惠、安全优质的学前教育公共服务体系。

各级人民政府应当依法履行职责，合理配置资源，缩小城乡之间、区域之间学前教育发展差距，为适龄儿童接受学前教育提供条件和支持。

国家采取措施，倾斜支持农村地区、革命老区、民族地区、边疆地区和欠发达地区发展学前教育事业；保障适龄的家庭经济困难儿童、孤儿、残疾儿童和农村留守儿童等接受普惠性学前教育。

第七条 全社会应当为适龄儿童接受学前教育、健康快乐成长创造良好环境。

第八条 国务院领导全国学前教育工作。

省级人民政府和设区的市级人民政府统筹本行政区域内学前教育工作，健全投入机制，明确分担责任，制定政策并组织实施。

县级人民政府对本行政区域内学前教育发展负主体责任，负责制定本地学前教育发展规划，统筹幼儿园建设、运行，加强公办幼儿园教师配备补充和工资待遇保障，对幼儿园进行监督管理。

乡镇人民政府、街道办事处应当支持本辖区内学前教育发展。

第九条 县级以上人民政府教育行政部门负责学前教育管理和业务指导工作，配备相应的管理和教研人员。县级以上人民政府卫生健康行政部门、疾病预防控制部门按照职责分工负责监督指导幼儿园卫生保健工作。

县级以上人民政府其他有关部门在各自职责范围内负责学前教育管理工作，履行规划制定、资源配置、经费投入、人员配备、待遇保障、幼儿园登记等方面的责任，依法加强对幼儿园举办、教职工配备、收费行为、经费使用、财务管理、安全保卫、食品安全等方面的监管。

第十条 国家鼓励和支持学前教育、儿童发展、特殊教育方面的科学研究，推广研究成果，宣传、普及科学的教育理念和方法。

第十一条 国家鼓励创作、出版、制作和传播有利于学前儿童健康成长的图书、玩具、音乐作品、音像制品等。

第十二条 对在学前教育工作中做出突出贡献的单位和个人，按照国家有关规定给予表彰、奖励。

第二章　学前儿童

第十三条 学前儿童享有生命安全和身心健康、得到尊重和保护照料、依法平等接受学前教育等权利。

学前教育应当坚持最有利于学前儿童的原则，给予学前儿童特殊、优先保护。

第十四条 实施学前教育应当从学前儿童身心发展特点和利益出发，尊重学前儿童人格尊严，倾听、了解学前儿童的意见，平等对待每一个学前儿童，鼓励、引导学前儿童参与家庭、社会和文化生活，促进学前儿童获得全面发展。

第十五条 地方各级人民政府应当采取措施，推动适龄儿童在其父母或者其他监护人的工作或者居住的地区方便就近接受学前教育。

学前儿童入幼儿园接受学前教育，除必要的身体健康检查外，幼儿园不得对其组织任何形式的考试或者测试。

学前儿童因特异体质、特定疾病等有特殊需求的，父母或者其他监护人应当及时告知幼儿园，幼儿园应当予以特殊照顾。

第十六条 父母或者其他监护人应当依法履行抚养与教育儿童的义务，为适龄儿童接受学前教育提供必要条件。

父母或者其他监护人应当尊重学前儿童身心发展规律和年龄特点，创造良好家庭环境，促进学前儿童健康成长。

第十七条 普惠性幼儿园应当接收能够适应幼儿园生活的残疾儿童入园，并为其提供帮助和便利。

父母或者其他监护人与幼儿园就残疾儿童入园发生争议的，县级人民政府教育行政部门应当会同卫生健康行政部门等单位组织对残疾儿童的身体状况、接受教育和适应幼儿园生活能力等进行全面评估，并妥善解决。

第十八条 青少年宫、儿童活动中心、图书馆、博物馆、文化馆、美术馆、科技馆、纪念馆、体育场馆等公共文化服务机构和爱国主义教育基地应当提供适合学前儿童身心发展的公益性教育服务，并按照有关规定对学前儿童免费开放。

第十九条 任何单位和个人不得组织学前儿童参与违背学前儿童身心发展规律或者与年龄特点不

符的商业性活动、竞赛类活动和其他活动。

第二十条　面向学前儿童的图书、玩具、音像制品、电子产品、网络教育产品和服务等，应当符合学前儿童身心发展规律和年龄特点。

家庭和幼儿园应当教育学前儿童正确合理使用网络和电子产品，控制其使用时间。

第二十一条　学前儿童的名誉、隐私和其他合法权益受法律保护，任何单位和个人不得侵犯。

幼儿园及其教职工等单位和个人收集、使用、提供、公开或者以其他方式处理学前儿童个人信息，应当取得其父母或者其他监护人的同意，遵守有关法律法规的规定。

涉及学前儿童的新闻报道应当客观、审慎和适度。

第三章　幼　儿　园

第二十二条　县级以上地方人民政府应当统筹当前和长远，根据人口变化和城镇化发展趋势，科学规划和配置学前教育资源，有效满足需求，避免浪费资源。

第二十三条　各级人民政府应当采取措施，扩大普惠性学前教育资源供给，提高学前教育质量。

公办幼儿园和普惠性民办幼儿园为普惠性幼儿园，应当按照有关规定提供普惠性学前教育服务。

第二十四条　各级人民政府应当利用财政性经费或者国有资产等举办或者支持举办公办幼儿园。

各级人民政府依法积极扶持和规范社会力量举办普惠性民办幼儿园。

普惠性民办幼儿园接受政府扶持，收费实行政府指导价管理。非营利性民办幼儿园可以向县级人民政府教育行政部门申请认定为普惠性民办幼儿园，认定标准由省级人民政府或者其授权的设区的市级人民政府制定。

第二十五条　县级以上地方人民政府应当以县级行政区划为单位制定幼儿园布局规划，将普惠性幼儿园建设纳入城乡公共管理和公共服务设施统一规划，并按照非营利性教育用地性质依法以划拨等方式供地，不得擅自改变用途。

县级以上地方人民政府应当按照国家有关规定，结合本地实际，在幼儿园布局规划中合理确定普惠性幼儿园覆盖率。

第二十六条 新建居住区等应当按照幼儿园布局规划等相关规划和标准配套建设幼儿园。配套幼儿园应当与首期建设的居住区同步规划、同步设计、同步建设、同步验收、同步交付使用。建设单位应当按照有关规定将配套幼儿园作为公共服务设施移交地方人民政府，用于举办普惠性幼儿园。

现有普惠性幼儿园不能满足本区域适龄儿童入园需求的，县级人民政府应当通过新建、扩建以及利用公共设施改建等方式统筹解决。

第二十七条 地方各级人民政府应当构建以公办幼儿园为主的农村学前教育公共服务体系，保障农村适龄儿童接受普惠性学前教育。

县级人民政府教育行政部门可以委托乡镇中心

幼儿园对本乡镇其他幼儿园开展业务指导等工作。

第二十八条 县级以上地方人民政府应当根据本区域内残疾儿童的数量、分布状况和残疾类别，统筹实施多种形式的学前特殊教育，推进融合教育，推动特殊教育学校和有条件的儿童福利机构、残疾儿童康复机构增设学前部或者附设幼儿园。

第二十九条 设立幼儿园，应当具备下列基本条件：

（一）有组织机构和章程；

（二）有符合规定的幼儿园园长、教师、保育员、卫生保健人员、安全保卫人员和其他工作人员；

（三）符合规定的选址要求，设置在安全区域内；

（四）符合规定的规模和班额标准；

（五）有符合规定的园舍、卫生室或者保健室、安全设施设备及户外场地；

（六）有必备的办学资金和稳定的经费来源；

（七）卫生评价合格；

（八）法律法规规定的其他条件。

第三十条　设立幼儿园经县级人民政府教育行政部门依法审批、取得办学许可证后，依照有关法律、行政法规的规定进行相应法人登记。

第三十一条　幼儿园变更、终止的，应当按照有关规定提前向县级人民政府教育行政部门报告并向社会公告，依法办理相关手续，妥善安置在园儿童。

第三十二条　学前教育机构中的中国共产党基层组织，按照中国共产党章程开展党的活动，加强党的建设。

公办幼儿园的基层党组织统一领导幼儿园工作，支持园长依法行使职权。民办幼儿园的内部管理体制按照国家有关民办教育的规定确定。

第三十三条　幼儿园应当保障教职工依法参与民主管理和监督。

幼儿园应当设立家长委员会，家长委员会可以对幼儿园重大事项决策和关系学前儿童切身利益的事项提出意见和建议，对幼儿园保育教育工作和日常管理进行监督。

第三十四条 任何单位和个人不得利用财政性经费、国有资产、集体资产或者捐赠资产举办或者参与举办营利性民办幼儿园。

公办幼儿园不得转制为民办幼儿园。公办幼儿园不得举办或者参与举办营利性民办幼儿园和其他教育机构。

以中外合作方式设立幼儿园，应当符合外商投资和中外合作办学有关法律法规的规定。

第三十五条 社会资本不得通过兼并收购等方式控制公办幼儿园、非营利性民办幼儿园。

幼儿园不得直接或者间接作为企业资产在境内外上市。上市公司不得通过股票市场融资投资营利性民办幼儿园，不得通过发行股份或者支付现金等方式购买营利性民办幼儿园资产。

第四章 教 职 工

第三十六条 幼儿园教师应当爱护儿童，具备优良品德和专业能力，为人师表，忠诚于人民的教育事业。

全社会应当尊重幼儿园教师。

第三十七条 担任幼儿园教师应当取得幼儿园教师资格；已取得其他教师资格并经县级以上地方人民政府教育行政部门组织的学前教育专业培训合格的，可以在幼儿园任教。

第三十八条 幼儿园园长由其举办者或者决策机构依法任命或者聘任，并报县级人民政府教育行政部门备案。

幼儿园园长应当具有本法第三十七条规定的教师资格、大学专科以上学历、五年以上幼儿园教师或者幼儿园管理工作经历。

国家推行幼儿园园长职级制。幼儿园园长应当参加县级以上地方人民政府教育行政部门组织的园长岗位培训。

第三十九条 保育员应当具有国家规定的学历，并经过幼儿保育职业培训。

卫生保健人员包括医师、护士和保健员，医师、护士应当取得相应执业资格，保健员应当具有国家规定的学历，并经过卫生保健专业知识培训。

幼儿园其他工作人员的任职资格条件，按照有关规定执行。

第四十条 幼儿园教师职务（职称）分为初级、中级和高级。

幼儿园教师职务（职称）评审标准应当符合学前教育的专业特点和要求。

幼儿园卫生保健人员中的医师、护士纳入卫生专业技术人员职称系列，由人力资源社会保障、卫生健康行政部门组织评审。

第四十一条 国务院教育行政部门会同有关部门制定幼儿园教职工配备标准。地方各级人民政府及有关部门按照相关标准保障公办幼儿园及时补充教师，并应当优先满足农村地区、革命老区、民族地区、边疆地区和欠发达地区公办幼儿园的需要。幼儿园及其举办者应当按照相关标准配足配齐教师和其他工作人员。

第四十二条 幼儿园园长、教师、保育员、卫生保健人员、安全保卫人员和其他工作人员应当遵守法律法规和职业道德规范，尊重、爱护和平等对待学前儿童，不断提高专业素养。

第四十三条 幼儿园应当与教职工依法签订聘用合同或者劳动合同，并将合同信息报县级人民政府教育行政部门备案。

第四十四条 幼儿园聘任（聘用）园长、教师、保育员、卫生保健人员、安全保卫人员和其他工作人员时，应当向教育、公安等有关部门查询应聘者是否具有虐待、性侵害、性骚扰、拐卖、暴力伤害、吸毒、赌博等违法犯罪记录；发现其有前述行为记录，或者有酗酒、严重违反师德师风行为等其他可能危害儿童身心安全情形的，不得聘任（聘用）。

幼儿园发现在岗人员有前款规定可能危害儿童身心安全情形的，应当立即停止其工作，依法与其解除聘用合同或者劳动合同，并向县级人民政府教育行政部门进行报告；县级人民政府教育行政部门可以将其纳入从业禁止人员名单。

有本条第一款规定可能危害儿童身心安全情形的个人不得举办幼儿园；已经举办的，应当依法变更举办者。

第四十五条 幼儿园应当关注教职工的身体、心理状况。幼儿园园长、教师、保育员、卫生保健人员、安全保卫人员和其他工作人员，应当在入职前和入职后每年进行健康检查。

第四十六条 幼儿园及其举办者应当按照国家规定保障教师和其他工作人员的工资福利，依法缴纳社会保险费，改善工作和生活条件，实行同工同酬。

县级以上地方人民政府应当将公办幼儿园教师工资纳入财政保障范围，统筹工资收入政策和经费支出渠道，确保教师工资及时足额发放。民办幼儿园可以参考当地公办幼儿园同类教师工资收入水平合理确定教师薪酬标准，依法保障教师工资待遇。

第四十七条　幼儿园教师在职称评定、岗位聘任（聘用）等方面享有与中小学教师同等的待遇。

符合条件的幼儿园教师按照有关规定享受艰苦边远地区津贴、乡镇工作补贴等津贴、补贴。

承担特殊教育任务的幼儿园教师按照有关规定享受特殊教育津贴。

第四十八条　国务院教育行政部门应当制定高等学校学前教育专业设置标准、质量保证标准和课程教学标准体系，组织实施学前教育专业质量认证，建立培养质量保障机制。

省级人民政府应当根据普及学前教育的需要，制定学前教育师资培养规划，支持高等学校设立学前教育专业，合理确定培养规模，提高培养层次和培养质量。

制定公费师范生培养计划，应当根据学前教育发展需要专项安排学前教育专业培养计划。

第四十九条　县级以上人民政府教育、卫生健康等有关部门应当按照职责分工制定幼儿园园长、教师、保育员、卫生保健人员等工作人员培训规划，建立培训支持服务体系，开展多种形式的专业培训。

第五章　保　育　教　育

第五十条　幼儿园应当坚持保育和教育相结合的原则，面向全体学前儿童，关注个体差异，注重良好习惯养成，创造适宜的生活和活动环境，有益于学前儿童身心健康发展。

第五十一条　幼儿园应当把保护学前儿童安全放在首位，对学前儿童在园期间的人身安全负有保护责任。

幼儿园应当落实安全责任制相关规定，建立健全安全管理制度和安全责任制度，完善安全措施和应急反应机制，按照标准配备安全保卫人员，及时排查和消除火灾等各类安全隐患。幼儿园使用校车的，应当符合校车安全管理相关规定，保护学前儿童安全。

幼儿园应当按照国家有关规定投保校方责任保险。

第五十二条　幼儿园发现学前儿童受到侵害、疑似受到侵害或者面临其他危险情形的，应当立即采取保护措施，并向公安、教育等有关部门报告。

幼儿园发生突发事件等紧急情况，应当优先保护学前儿童人身安全，立即采取紧急救助和避险措施，并及时向有关部门报告。

发生前两款情形的，幼儿园应当及时通知学前儿童父母或者其他监护人。

第五十三条　幼儿园应当建立科学合理的一日生活制度，保证户外活动时间，做好儿童营养膳食、体格锻炼、全日健康观察、食品安全、卫生与消毒、传染病预防与控制、常见病预防等卫生保健管理工作，加强健康教育。

第五十四条　招收残疾儿童的幼儿园应当配备必要的康复设施、设备和专业康复人员，或者与其他具有康复设施、设备和专业康复人员的特殊教育机构、康复机构合作，根据残疾儿童实际情况开展保育教育。

第五十五条 国务院教育行政部门制定幼儿园教育指导纲要和学前儿童学习与发展指南，地方各级人民政府教育行政部门依据职责组织实施，加强学前教育教学研究和业务指导。

幼儿园应当按照国家有关规定，科学实施符合学前儿童身心发展规律和年龄特点的保育和教育活动，不得组织学前儿童参与商业性活动。

第五十六条 幼儿园应当以学前儿童的生活为基础，以游戏为基本活动，发展素质教育，最大限度支持学前儿童通过亲近自然、实际操作、亲身体验等方式探索学习，促进学前儿童养成良好的品德、行为习惯、安全和劳动意识，健全人格、强健体魄，在健康、语言、社会、科学、艺术等各方面协调发展。

幼儿园应当以国家通用语言文字为基本保育教育语言文字，加强学前儿童普通话教育，提高学前儿童说普通话的能力。

第五十七条 幼儿园应当配备符合相关标准的

玩教具和幼儿图书。

在幼儿园推行使用的课程教学类资源应当经依法审定，具体办法由国务院教育行政部门制定。

幼儿园应当充分利用家庭、社区的教育资源，拓展学前儿童生活和学习空间。

第五十八条　幼儿园应当主动与父母或者其他监护人交流学前儿童身心发展状况，指导家庭科学育儿。

父母或者其他监护人应当积极配合、支持幼儿园开展保育和教育活动。

第五十九条　幼儿园与小学应当互相衔接配合，共同帮助儿童做好入学准备和入学适应。

幼儿园不得采用小学化的教育方式，不得教授小学阶段的课程，防止保育和教育活动小学化。小学坚持按照课程标准零起点教学。

校外培训机构等其他任何机构不得对学前儿童开展半日制或者全日制培训，不得教授学前儿童小学阶段的课程。

第六章　投入保障

第六十条　学前教育实行政府投入为主、家庭合理负担保育教育成本、多渠道筹措经费的投入机制。

各级人民政府应当优化教育财政投入支出结构，加大学前教育财政投入，确保财政性学前教育经费在同级财政性教育经费中占合理比例，保障学前教育事业发展。

第六十一条　学前教育财政补助经费按照中央与地方财政事权和支出责任划分原则，分别列入中央和地方各级预算。中央财政通过转移支付对地方统筹给予支持。省级人民政府应当建立本行政区域内各级人民政府财政补助经费分担机制。

第六十二条　国务院和省级人民政府统筹安排学前教育资金，重点扶持农村地区、革命老区、民族地区、边疆地区和欠发达地区发展学前教育。

第六十三条　地方各级人民政府应当科学核定

普惠性幼儿园办园成本，以提供普惠性学前教育服务为衡量标准，统筹制定财政补助和收费政策，合理确定分担比例。

省级人民政府制定并落实公办幼儿园生均财政拨款标准或者生均公用经费标准，以及普惠性民办幼儿园生均财政补助标准。其中，残疾学前儿童的相关标准应当考虑保育教育和康复需要适当提高。

有条件的地方逐步推进实施免费学前教育，降低家庭保育教育成本。

第六十四条 地方各级人民政府应当通过财政补助、购买服务、减免租金、培训教师、教研指导等多种方式，支持普惠性民办幼儿园发展。

第六十五条 国家建立学前教育资助制度，为家庭经济困难的适龄儿童等接受普惠性学前教育提供资助。

第六十六条 国家鼓励自然人、法人和非法人组织通过捐赠、志愿服务等方式支持学前教育事业。

第七章 监 督 管 理

第六十七条 县级以上人民政府及其有关部门应当建立健全幼儿园安全风险防控体系，强化幼儿园周边治安管理和巡逻防控工作，加强对幼儿园安全保卫的监督指导，督促幼儿园加强安全防范建设，及时排查和消除安全隐患，依法保障学前儿童与幼儿园安全。

禁止在幼儿园内及周边区域建设或者设置有危险、有污染的建筑物和设施设备。

第六十八条 省级人民政府或者其授权的设区的市级人民政府根据办园成本、经济发展水平和群众承受能力等因素，合理确定公办幼儿园和非营利性民办幼儿园的收费标准，并建立定期调整机制。

县级以上地方人民政府及有关部门应当加强对幼儿园收费的监管，必要时可以对收费实行市场调节价的营利性民办幼儿园开展成本调查，引导合理收费，遏制过高收费。

第六十九条 幼儿园收取的费用应当主要用于保育和教育活动、保障教职工待遇、促进教职工发展和改善办园条件。学前儿童伙食费应当专款专用。

幼儿园应当执行收费公示制度，收费项目和标准、服务内容、退费规则等应当向家长公示，接受社会监督。

幼儿园不得违反有关规定收取费用，不得向学前儿童及其家长组织征订教学材料，推销或者变相推销商品、服务等。

第七十条 幼儿园应当依法建立健全财务、会计及资产管理制度，严格经费管理，合理使用经费，提高经费使用效益。

幼儿园应当按照有关规定实行财务公开，接受社会监督。县级以上人民政府教育等有关部门应当加强对公办幼儿园的审计。民办幼儿园每年应当依法进行审计，并向县级人民政府教育行政部门提交经审计的财务会计报告。

第七十一条 县级以上人民政府及其有关部门

应当建立健全学前教育经费预算管理和审计监督制度。

任何单位和个人不得侵占、挪用学前教育经费，不得向幼儿园非法收取或者摊派费用。

第七十二条　县级人民政府教育行政部门应当建立健全各类幼儿园基本信息备案及公示制度，利用互联网等方式定期向社会公布并更新政府学前教育财政投入、幼儿园规划举办等方面信息，以及各类幼儿园的教师和其他工作人员的资质和配备、招生、经费收支、收费标准、保育教育质量等方面信息。

第七十三条　县级以上人民政府教育督导机构对学前教育工作执行法律法规情况、保育教育工作等进行督导。督导报告应当定期向社会公开。

第七十四条　国务院教育行政部门制定幼儿园保育教育质量评估指南。省级人民政府教育行政部门应当完善幼儿园质量评估标准，健全幼儿园质量评估监测体系，将各类幼儿园纳入质量评估范畴，并向社会公布评估结果。

第八章 法律责任

第七十五条 地方各级人民政府及有关部门有下列情形之一的，由上级机关或者有关部门按照职责分工责令限期改正；情节严重的，对负有责任的领导人员和直接责任人员依法给予处分：

（一）未按照规定制定、调整幼儿园布局规划，或者未按照规定提供普惠性幼儿园建设用地；

（二）未按照规定规划居住区配套幼儿园，或者未将新建居住区配套幼儿园举办为普惠性幼儿园；

（三）利用财政性经费、国有资产、集体资产或者捐赠资产举办或者参与举办营利性民办幼儿园，或者改变、变相改变公办幼儿园性质；

（四）未按照规定制定并落实公办幼儿园生均财政拨款标准或者生均公用经费标准、普惠性民办幼儿园生均财政补助标准；

（五）其他未依法履行学前教育管理和保障职责的情形。

第七十六条　地方各级人民政府及教育等有关部门的工作人员违反本法规定，滥用职权、玩忽职守、徇私舞弊的，依法给予处分。

第七十七条　居住区建设单位未按照规定建设、移交配套幼儿园，或者改变配套幼儿园土地用途的，由县级以上地方人民政府自然资源、住房和城乡建设、教育等有关部门按照职责分工责令限期改正，依法给予处罚。

第七十八条　擅自举办幼儿园或者招收学前儿童实施半日制、全日制培训的，由县级人民政府教育等有关部门依照《中华人民共和国教育法》、《中华人民共和国民办教育促进法》的规定予以处理；对非法举办幼儿园的单位和个人，根据情节轻重，五至十年内不受理其举办幼儿园或者其他教育机构的申请。

第七十九条　幼儿园有下列情形之一的，由县级以上地方人民政府教育等有关部门按照职责分工责令限期改正，并予以警告；有违法所得的，退还所收费用后没收违法所得；情节严重的，责令停止招生、吊销办学许可证：

（一）组织入园考试或者测试；

（二）因管理疏忽或者放任发生体罚或者变相体罚、歧视、侮辱、虐待、性侵害等危害学前儿童身心安全的行为；

（三）未依法加强安全防范建设、履行安全保障责任，或者未依法履行卫生保健责任；

（四）使用未经审定的课程教学类资源；

（五）采用小学化的教育方式或者教授小学阶段的课程；

（六）开展与学前儿童身心发展规律、年龄特点不符的活动，或者组织学前儿童参与商业性活动；

（七）未按照规定配备幼儿园教师或者其他工作人员；

（八）违反规定收取费用；

（九）克扣、挪用学前儿童伙食费。

依照前款规定被吊销办学许可证的幼儿园，应当妥善安置在园儿童。

第八十条　幼儿园教师或者其他工作人员有下列情形之一的，由所在幼儿园或者县级人民政府教育等有关部门根据情节轻重，依法给予当事人、幼儿园负责人处分，解除聘用合同或者劳动合同；由县级人民政府教育行政部门禁止其一定期限内直至终身从事学前教育工作或者举办幼儿园；情节严重的，吊销其资格证书：

（一）体罚或者变相体罚儿童；

（二）歧视、侮辱、虐待、性侵害儿童；

（三）违反职业道德规范或者危害儿童身心安全，造成不良后果。

第八十一条　在学前教育活动中违反本法规定的行为，本法未规定法律责任，《中华人民共和国教育法》、《中华人民共和国未成年人保护法》、《中华人民共和国劳动法》等法律、行政法规有规定的，依照其规定。

第八十二条　违反本法规定，侵害学前儿童、幼儿园、教职工合法权益，造成人身损害或者财产损失的，依法承担民事责任；构成违反治安管理行为的，依法给予治安管理处罚；构成犯罪的，依法追究刑事责任。

第九章　附　　则

第八十三条　小学、特殊教育学校、儿童福利机构、残疾儿童康复机构等附设的幼儿班等学前教育机构适用本法有关规定。

军队幼儿园的管理，依照本法和军队有关规定执行。

第八十四条　鼓励有条件的幼儿园开设托班，提供托育服务。

幼儿园提供托育服务的，依照有关法律法规和国家有关规定执行。

第八十五条　本法自 2025 年 6 月 1 日起施行。

中华人民共和国未成年人保护法

（1991年9月4日第七届全国人民代表大会常务委员会第二十一次会议通过　2006年12月29日第十届全国人民代表大会常务委员会第二十五次会议第一次修订　根据2012年10月26日第十一届全国人民代表大会常务委员会第二十九次会议《关于修改〈中华人民共和国未成年人保护法〉的决定》第一次修正　2020年10月17日第十三届全国人民代表大会常务委员会第二十二次会议第二次修订　根据2024年4月26日第十四届全国人民代表大会常务委员会第九次会议《关于修改〈中华人民共和国农业技术推广法〉、〈中华人民共和国未成年人保护法〉、〈中华人民共和国生物安全法〉的决定》第二次修正）

目　　录

第一章　总　　则

第一条　为了保护未成年人身心健康，保障未成年人合法权益，促进未成年人德智体美劳全面发展，培养有理想、有道德、有文化、有纪律的社会主义建设者和接班人，培养担当民族复兴大任的时代新人，根据宪法，制定本法。

第二条　本法所称未成年人是指未满十八周岁的公民。

第三条　国家保障未成年人的生存权、发展权、受保护权、参与权等权利。

未成年人依法平等地享有各项权利，不因本人及其父母或者其他监护人的民族、种族、性别、户籍、职业、宗教信仰、教育程度、家庭状况、身心健康状况等受到歧视。

第四条　保护未成年人，应当坚持最有利于未成年人的原则。处理涉及未成年人事项，应当符合下列要求：

（一）给予未成年人特殊、优先保护；

（二）尊重未成年人人格尊严；

（三）保护未成年人隐私权和个人信息；

（四）适应未成年人身心健康发展的规律和特点；

（五）听取未成年人的意见；

（六）保护与教育相结合。

第五条　国家、社会、学校和家庭应当对未成年人进行理想教育、道德教育、科学教育、文化教育、法治教育、国家安全教育、健康教育、劳动教育，加强爱国主义、集体主义和中国特色社会主义的教育，培养爱祖国、爱人民、爱劳动、爱科学、爱社会主义的公德，抵制资本主义、封建主义和其他腐朽思想的侵蚀，引导未成年人树立和践行社会主义核心价值观。

第六条　保护未成年人，是国家机关、武装力量、政党、人民团体、企业事业单位、社会组织、城乡基层群众性自治组织、未成年人的监护人以及其他成年人的共同责任。

国家、社会、学校和家庭应当教育和帮助未成年人维护自身合法权益，增强自我保护的意识和能力。

第七条　未成年人的父母或者其他监护人依法对未成年人承担监护职责。

国家采取措施指导、支持、帮助和监督未成年人的父母或者其他监护人履行监护职责。

第八条　县级以上人民政府应当将未成年人保护工作纳入国民经济和社会发展规划，相关经费纳入本级政府预算。

第九条　各级人民政府应当重视和加强未成年人保护工作。县级以上人民政府负责妇女儿童工作的机构，负责未成年人保护工作的组织、协调、指导、督促，有关部门在各自职责范围内做好相关工作。

第十条　共产主义青年团、妇女联合会、工会、残疾人联合会、关心下一代工作委员会、青年联合会、学生联合会、少年先锋队以及其他人民团体、有关社会组织，应当协助各级人民政府及其有关部门、人民检察院、人民法院做好未成年人保护工作，维护未成年人合法权益。

第十一条　任何组织或者个人发现不利于未成年人身心健康或者侵犯未成年人合法权益的情形，都有权劝阻、制止或者向公安、民政、教育等有关部门提出检举、控告。

国家机关、居民委员会、村民委员会、密切接触未成年人的单位及其工作人员，在工作中发现未成年人身心健康受到侵害、疑似受到侵害或者面临其他危险情形的，应当立即向公安、民政、教育等有关部门报告。

有关部门接到涉及未成年人的检举、控告或者报告，应当依法及时受理、处置，并以适当方式将处理结果告知相关单位和人员。

第十二条　国家鼓励和支持未成年人保护方面的科学研究，建设相关学科、设置相关专业，加强人才培养。

第十三条　国家建立健全未成年人统计调查制度，开展未成年人健康、受教育等状况的统计、调查和分析，发布未成年人保护的有关信息。

第十四条　国家对保护未成年人有显著成绩的组织和个人给予表彰和奖励。

第二章 家庭保护

第十五条 未成年人的父母或者其他监护人应当学习家庭教育知识,接受家庭教育指导,创造良好、和睦、文明的家庭环境。

共同生活的其他成年家庭成员应当协助未成年人的父母或者其他监护人抚养、教育和保护未成年人。

第十六条 未成年人的父母或者其他监护人应当履行下列监护职责:

(一)为未成年人提供生活、健康、安全等方面的保障;

(二)关注未成年人的生理、心理状况和情感需求;

(三)教育和引导未成年人遵纪守法、勤俭节约,养成良好的思想品德和行为习惯;

(四)对未成年人进行安全教育,提高未成年人的自我保护意识和能力;

（五）尊重未成年人受教育的权利，保障适龄未成年人依法接受并完成义务教育；

（六）保障未成年人休息、娱乐和体育锻炼的时间，引导未成年人进行有益身心健康的活动；

（七）妥善管理和保护未成年人的财产；

（八）依法代理未成年人实施民事法律行为；

（九）预防和制止未成年人的不良行为和违法犯罪行为，并进行合理管教；

（十）其他应当履行的监护职责。

第十七条　未成年人的父母或者其他监护人不得实施下列行为：

（一）虐待、遗弃、非法送养未成年人或者对未成年人实施家庭暴力；

（二）放任、教唆或者利用未成年人实施违法犯罪行为；

（三）放任、唆使未成年人参与邪教、迷信活动或者接受恐怖主义、分裂主义、极端主义等侵害；

（四）放任、唆使未成年人吸烟（含电子烟，

下同)、饮酒、赌博、流浪乞讨或者欺凌他人;

（五）放任或者迫使应当接受义务教育的未成年人失学、辍学;

（六）放任未成年人沉迷网络,接触危害或者可能影响其身心健康的图书、报刊、电影、广播电视节目、音像制品、电子出版物和网络信息等;

（七）放任未成年人进入营业性娱乐场所、酒吧、互联网上网服务营业场所等不适宜未成年人活动的场所;

（八）允许或者迫使未成年人从事国家规定以外的劳动;

（九）允许、迫使未成年人结婚或者为未成年人订立婚约;

（十）违法处分、侵吞未成年人的财产或者利用未成年人牟取不正当利益;

（十一）其他侵犯未成年人身心健康、财产权益或者不依法履行未成年人保护义务的行为。

第十八条 未成年人的父母或者其他监护人应

当为未成年人提供安全的家庭生活环境，及时排除引发触电、烫伤、跌落等伤害的安全隐患；采取配备儿童安全座椅、教育未成年人遵守交通规则等措施，防止未成年人受到交通事故的伤害；提高户外安全保护意识，避免未成年人发生溺水、动物伤害等事故。

第十九条　未成年人的父母或者其他监护人应当根据未成年人的年龄和智力发展状况，在作出与未成年人权益有关的决定前，听取未成年人的意见，充分考虑其真实意愿。

第二十条　未成年人的父母或者其他监护人发现未成年人身心健康受到侵害、疑似受到侵害或者其他合法权益受到侵犯的，应当及时了解情况并采取保护措施；情况严重的，应当立即向公安、民政、教育等部门报告。

第二十一条　未成年人的父母或者其他监护人不得使未满八周岁或者由于身体、心理原因需要特别照顾的未成年人处于无人看护状态，或者将其交由无民事行为能力、限制民事行为能力、患有严重传染性疾病或者其他不适宜的人员临时照护。

未成年人的父母或者其他监护人不得使未满十六周岁的未成年人脱离监护单独生活。

第二十二条 未成年人的父母或者其他监护人因外出务工等原因在一定期限内不能完全履行监护职责的，应当委托具有照护能力的完全民事行为能力人代为照护；无正当理由的，不得委托他人代为照护。

未成年人的父母或者其他监护人在确定被委托人时，应当综合考虑其道德品质、家庭状况、身心健康状况、与未成年人生活情感上的联系等情况，并听取有表达意愿能力未成年人的意见。

具有下列情形之一的，不得作为被委托人：

（一）曾实施性侵害、虐待、遗弃、拐卖、暴力伤害等违法犯罪行为；

（二）有吸毒、酗酒、赌博等恶习；

（三）曾拒不履行或者长期怠于履行监护、照护职责；

（四）其他不适宜担任被委托人的情形。

第二十三条 未成年人的父母或者其他监护人应当及时将委托照护情况书面告知未成年人所在学校、幼儿园和实际居住地的居民委员会、村民委员会，加强和未成年人所在学校、幼儿园的沟通；与未成年人、被委托人至少每周联系和交流一次，了解未成年人的生活、学习、心理等情况，并给予未成年人亲情关爱。

未成年人的父母或者其他监护人接到被委托人、居民委员会、村民委员会、学校、幼儿园等关于未成年人心理、行为异常的通知后，应当及时采取干预措施。

第二十四条 未成年人的父母离婚时，应当妥善处理未成年子女的抚养、教育、探望、财产等事宜，听取有表达意愿能力未成年人的意见。不得以抢夺、藏匿未成年子女等方式争夺抚养权。

未成年人的父母离婚后，不直接抚养未成年子女的一方应当依照协议、人民法院判决或者调解确定的时间和方式，在不影响未成年人学习、生活的情况下探望未成年子女，直接抚养的一方应当配合，但被人民法院依法中止探望权的除外。

第三章　学　校　保　护

第二十五条　学校应当全面贯彻国家教育方针，坚持立德树人，实施素质教育，提高教育质量，注重培养未成年学生认知能力、合作能力、创新能力和实践能力，促进未成年学生全面发展。

学校应当建立未成年学生保护工作制度，健全学生行为规范，培养未成年学生遵纪守法的良好行为习惯。

第二十六条　幼儿园应当做好保育、教育工作，遵循幼儿身心发展规律，实施启蒙教育，促进幼儿在体质、智力、品德等方面和谐发展。

第二十七条　学校、幼儿园的教职员工应当尊重未成年人人格尊严，不得对未成年人实施体罚、变相体罚或者其他侮辱人格尊严的行为。

第二十八条　学校应当保障未成年学生受教育的权利，不得违反国家规定开除、变相开除未成年学生。

学校应当对尚未完成义务教育的辍学未成年学生进行登记并劝返复学；劝返无效的，应当及时向教育行政部门书面报告。

第二十九条　学校应当关心、爱护未成年学生，不得因家庭、身体、心理、学习能力等情况歧视学生。对家庭困难、身心有障碍的学生，应当提供关爱；对行为异常、学习有困难的学生，应当耐心帮助。

学校应当配合政府有关部门建立留守未成年学生、困境未成年学生的信息档案，开展关爱帮扶工作。

第三十条　学校应当根据未成年学生身心发展特点，进行社会生活指导、心理健康辅导、青春期教育和生命教育。

第三十一条　学校应当组织未成年学生参加与其年龄相适应的日常生活劳动、生产劳动和服务性劳动，帮助未成年学生掌握必要的劳动知识和技能，养成良好的劳动习惯。

第三十二条　学校、幼儿园应当开展勤俭节约、反对浪费、珍惜粮食、文明饮食等宣传教育活动，帮助未成年人树立浪费可耻、节约为荣的意识，养成文明健康、绿色环保的生活习惯。

第三十三条　学校应当与未成年学生的父母或者其他监护人互相配合，合理安排未成年学生的学习时间，保障其休息、娱乐和体育锻炼的时间。

学校不得占用国家法定节假日、休息日及寒暑假期，组织义务教育阶段的未成年学生集体补课，加重其学习负担。

幼儿园、校外培训机构不得对学龄前未成年人进行小学课程教育。

第三十四条　学校、幼儿园应当提供必要的卫生保健条件，协助卫生健康部门做好在校、在园未成年人的卫生保健工作。

第三十五条 学校、幼儿园应当建立安全管理制度，对未成年人进行安全教育，完善安保设施、配备安保人员，保障未成年人在校、在园期间的人身和财产安全。

学校、幼儿园不得在危及未成年人人身安全、身心健康的校舍和其他设施、场所中进行教育教学活动。

学校、幼儿园安排未成年人参加文化娱乐、社会实践等集体活动，应当保护未成年人的身心健康，防止发生人身伤害事故。

第三十六条 使用校车的学校、幼儿园应当建立健全校车安全管理制度，配备安全管理人员，定期对校车进行安全检查，对校车驾驶人进行安全教育，并向未成年人讲解校车安全乘坐知识，培养未成年人校车安全事故应急处理技能。

第三十七条 学校、幼儿园应当根据需要，制定应对自然灾害、事故灾难、公共卫生事件等突发事件和意外伤害的预案，配备相应设施并定期进行必要的演练。

未成年人在校内、园内或者本校、本园组织的校外、园外活动中发生人身伤害事故的，学校、幼儿园应当立即救护，妥善处理，及时通知未成年人的父母或者其他监护人，并向有关部门报告。

第三十八条　学校、幼儿园不得安排未成年人参加商业性活动，不得向未成年人及其父母或者其他监护人推销或者要求其购买指定的商品和服务。

学校、幼儿园不得与校外培训机构合作为未成年人提供有偿课程辅导。

第三十九条　学校应当建立学生欺凌防控工作制度，对教职员工、学生等开展防治学生欺凌的教育和培训。

学校对学生欺凌行为应当立即制止，通知实施欺凌和被欺凌未成年学生的父母或者其他监护人参与欺凌行为的认定和处理；对相关未成年学生及时给予心理辅导、教育和引导；对相关未成年学生的父母或者其他监护人给予必要的家庭教育指导。

对实施欺凌的未成年学生，学校应当根据欺凌行为的性质和程度，依法加强管教。对严重的欺凌行为，学校不得隐瞒，应当及时向公安机关、教育行政部门报告，并配合相关部门依法处理。

第四十条　学校、幼儿园应当建立预防性侵害、性骚扰未成年人工作制度。对性侵害、性骚扰未成年人等违法犯罪行为，学校、幼儿园不得隐瞒，应当及时向公安机关、教育行政部门报告，并配合相关部门依法处理。

学校、幼儿园应当对未成年人开展适合其年龄的性教育，提高未成年人防范性侵害、性骚扰的自我保护意识和能力。对遭受性侵害、性骚扰的未成年人，学校、幼儿园应当及时采取相关的保护措施。

第四十一条　婴幼儿照护服务机构、早期教育服务机构、校外培训机构、校外托管机构等应当参照本章有关规定，根据不同年龄阶段未成年人的成长特点和规律，做好未成年人保护工作。

第四章 社 会 保 护

第四十二条 全社会应当树立关心、爱护未成年人的良好风尚。

国家鼓励、支持和引导人民团体、企业事业单位、社会组织以及其他组织和个人，开展有利于未成年人健康成长的社会活动和服务。

第四十三条 居民委员会、村民委员会应当设置专人专岗负责未成年人保护工作，协助政府有关部门宣传未成年人保护方面的法律法规，指导、帮助和监督未成年人的父母或者其他监护人依法履行监护职责，建立留守未成年人、困境未成年人的信息档案并给予关爱帮扶。

居民委员会、村民委员会应当协助政府有关部门监督未成年人委托照护情况，发现被委托人缺乏照护能力、怠于履行照护职责等情况，应当及时向政府有关部门报告，并告知未成年人的父母或者其他监护人，帮助、督促被委托人履行照护职责。

第四十四条　爱国主义教育基地、图书馆、青少年宫、儿童活动中心、儿童之家应当对未成年人免费开放；博物馆、纪念馆、科技馆、展览馆、美术馆、文化馆、社区公益性互联网上网服务场所以及影剧院、体育场馆、动物园、植物园、公园等场所，应当按照有关规定对未成年人免费或者优惠开放。

国家鼓励爱国主义教育基地、博物馆、科技馆、美术馆等公共场馆开设未成年人专场，为未成年人提供有针对性的服务。

国家鼓励国家机关、企业事业单位、部队等开发自身教育资源，设立未成年人开放日，为未成年人主题教育、社会实践、职业体验等提供支持。

国家鼓励科研机构和科技类社会组织对未成年人开展科学普及活动。

第四十五条　城市公共交通以及公路、铁路、水路、航空客运等应当按照有关规定对未成年人实施免费或者优惠票价。

第四十六条　国家鼓励大型公共场所、公共交通工具、旅游景区景点等设置母婴室、婴儿护理台以及方便幼儿使用的坐便器、洗手台等卫生设施，为未成年人提供便利。

第四十七条　任何组织或者个人不得违反有关规定，限制未成年人应当享有的照顾或者优惠。

第四十八条　国家鼓励创作、出版、制作和传播有利于未成年人健康成长的图书、报刊、电影、广播电视节目、舞台艺术作品、音像制品、电子出版物和网络信息等。

第四十九条　新闻媒体应当加强未成年人保护方面的宣传，对侵犯未成年人合法权益的行为进行舆论监督。新闻媒体采访报道涉及未成年人事件应当客观、审慎和适度，不得侵犯未成年人的名誉、隐私和其他合法权益。

第五十条　禁止制作、复制、出版、发布、传播含有宣扬淫秽、色情、暴力、邪教、迷信、赌博、引诱自杀、恐怖主义、分裂主义、极端主义等危害未成年人身心健康内容的图书、报刊、电影、广播电视节目、舞台艺术作品、音像制品、电子出版物和网络信息等。

第五十一条 任何组织或者个人出版、发布、传播的图书、报刊、电影、广播电视节目、舞台艺术作品、音像制品、电子出版物或者网络信息，包含可能影响未成年人身心健康内容的，应当以显著方式作出提示。

第五十二条 禁止制作、复制、发布、传播或者持有有关未成年人的淫秽色情物品和网络信息。

第五十三条 任何组织或者个人不得刊登、播放、张贴或者散发含有危害未成年人身心健康内容的广告；不得在学校、幼儿园播放、张贴或者散发商业广告；不得利用校服、教材等发布或者变相发布商业广告。

第五十四条 禁止拐卖、绑架、虐待、非法收养未成年人，禁止对未成年人实施性侵害、性骚扰。

禁止胁迫、引诱、教唆未成年人参加黑社会性质组织或者从事违法犯罪活动。

禁止胁迫、诱骗、利用未成年人乞讨。

第五十五条 生产、销售用于未成年人的食品、药品、玩具、用具和游戏游艺设备、游乐设施等，应当符合国家或者行业标准，不得危害未成年人的人身安全和身心健康。上述产品的生产者应当在显著位置标明注意事项，未标明注意事项的不得销售。

第五十六条 未成年人集中活动的公共场所应当符合国家或者行业安全标准，并采取相应安全保护措施。对可能存在安全风险的设施，应当定期进行维护，在显著位置设置安全警示标志并标明适龄范围和注意事项；必要时应当安排专门人员看管。

大型的商场、超市、医院、图书馆、博物馆、科技馆、游乐场、车站、码头、机场、旅游景区景点等场所运营单位应当设置搜寻走失未成年人的安全警报系统。场所运营单位接到求助后，应当立即启动安全警报系统，组织人员进行搜寻并向公安机关报告。

公共场所发生突发事件时，应当优先救护未成年人。

第五十七条　旅馆、宾馆、酒店等住宿经营者接待未成年人入住，或者接待未成年人和成年人共同入住时，应当询问父母或者其他监护人的联系方式、入住人员的身份关系等有关情况；发现有违法犯罪嫌疑的，应当立即向公安机关报告，并及时联系未成年人的父母或者其他监护人。

第五十八条　学校、幼儿园周边不得设置营业性娱乐场所、酒吧、互联网上网服务营业场所等不适宜未成年人活动的场所。营业性歌舞娱乐场所、酒吧、互联网上网服务营业场所等不适宜未成年人活动场所的经营者，不得允许未成年人进入；游艺娱乐场所设置的电子游戏设备，除国家法定节假日外，不得向未成年人提供。经营者应当在显著位置设置未成年人禁入、限入标志；对难以判明是否是未成年人的，应当要求其出示身份证件。

第五十九条　学校、幼儿园周边不得设置烟、酒、彩票销售网点。禁止向未成年人销售烟、酒、彩票或者兑付彩票奖金。烟、酒和彩票经营者应当在显著位置设置不向未成年人销售烟、酒或者彩票的标志；对难以判明是否是未成年人的，应当要求其出示身份证件。

任何人不得在学校、幼儿园和其他未成年人集中活动的公共场所吸烟、饮酒。

第六十条　禁止向未成年人提供、销售管制刀具或者其他可能致人严重伤害的器具等物品。经营者难以判明购买者是否是未成年人的，应当要求其出示身份证件。

第六十一条　任何组织或者个人不得招用未满十六周岁未成年人，国家另有规定的除外。

营业性娱乐场所、酒吧、互联网上网服务营业场所等不适宜未成年人活动的场所不得招用已满十六周岁的未成年人。

招用已满十六周岁未成年人的单位和个人应当执行国家在工种、劳动时间、劳动强度和保护措施等方面的规定，不得安排其从事过重、有毒、有害等危害未成年人身心健康的劳动或者危险作业。

任何组织或者个人不得组织未成年人进行危害其身心健康的表演等活动。经未成年人的父母或者其他监护人同意，未成年人参与演出、节目制作等活动，活动组织方应当根据国家有关规定，保障未成年人合法权益。

第六十二条　密切接触未成年人的单位招聘工作人员时，应当向公安机关、人民检察院查询应聘者是否具有性侵害、虐待、拐卖、暴力伤害等违法犯罪记录；发现其具有前述行为记录的，不得录用。

密切接触未成年人的单位应当每年定期对工作人员是否具有上述违法犯罪记录进行查询。通过查询或者其他方式发现其工作人员具有上述行为的，应当及时解聘。

第六十三条　任何组织或者个人不得隐匿、毁弃、非法删除未成年人的信件、日记、电子邮件或者其他网络通讯内容。

除下列情形外，任何组织或者个人不得开拆、查阅未成年人的信件、日记、电子邮件或者其他网络通讯内容：

（一）无民事行为能力未成年人的父母或者其他监护人代未成年人开拆、查阅；

（二）因国家安全或者追查刑事犯罪依法进行检查；

（三）紧急情况下为了保护未成年人本人的人身安全。

第五章　网　络　保　护

第六十四条　国家、社会、学校和家庭应当加强未成年人网络素养宣传教育，培养和提高未成年人的网络素养，增强未成年人科学、文明、安全、合理使用网络的意识和能力，保障未成年人在网络空间的合法权益。

第六十五条　国家鼓励和支持有利于未成年人健康成长的网络内容的创作与传播，鼓励和支持专门以未成年人为服务对象、适合未成年人身心健康特点的网络技术、产品、服务的研发、生产和使用。

第六十六条　网信部门及其他有关部门应当加强对未成年人网络保护工作的监督检查，依法惩处利用网络从事危害未成年人身心健康的活动，为未成年人提供安全、健康的网络环境。

第六十七条　网信部门会同公安、文化和旅游、新闻出版、电影、广播电视等部门根据保护不同年龄阶段未成年人的需要，确定可能影响未成年人身心健康网络信息的种类、范围和判断标准。

第六十八条　新闻出版、教育、卫生健康、文化和旅游、网信等部门应当定期开展预防未成年人沉迷网络的宣传教育，监督网络产品和服务提供者履行预防未成年人沉迷网络的义务，指导家庭、学校、社会组织互相配合，采取科学、合理的方式对未成年人沉迷网络进行预防和干预。

任何组织或者个人不得以侵害未成年人身心健康的方式对未成年人沉迷网络进行干预。

第六十九条　学校、社区、图书馆、文化馆、青少年宫等场所为未成年人提供的互联网上网服务设施，应当安装未成年人网络保护软件或者采取其他安全保护技术措施。

智能终端产品的制造者、销售者应当在产品上安装未成年人网络保护软件，或者以显著方式告知用户未成年人网络保护软件的安装渠道和方法。

第七十条 学校应当合理使用网络开展教学活动。未经学校允许，未成年学生不得将手机等智能终端产品带入课堂，带入学校的应当统一管理。

学校发现未成年学生沉迷网络的，应当及时告知其父母或者其他监护人，共同对未成年学生进行教育和引导，帮助其恢复正常的学习生活。

第七十一条 未成年人的父母或者其他监护人应当提高网络素养，规范自身使用网络的行为，加强对未成年人使用网络行为的引导和监督。

未成年人的父母或者其他监护人应当通过在智能终端产品上安装未成年人网络保护软件、选择适合未成年人的服务模式和管理功能等方式，避免未成年人接触危害或者可能影响其身心健康的网络信息，合理安排未成年人使用网络的时间，有效预防未成年人沉迷网络。

第七十二条　信息处理者通过网络处理未成年人个人信息的，应当遵循合法、正当和必要的原则。处理不满十四周岁未成年人个人信息的，应当征得未成年人的父母或者其他监护人同意，但法律、行政法规另有规定的除外。

未成年人、父母或者其他监护人要求信息处理者更正、删除未成年人个人信息的，信息处理者应当及时采取措施予以更正、删除，但法律、行政法规另有规定的除外。

第七十三条　网络服务提供者发现未成年人通过网络发布私密信息的，应当及时提示，并采取必要的保护措施。

第七十四条　网络产品和服务提供者不得向未成年人提供诱导其沉迷的产品和服务。

网络游戏、网络直播、网络音视频、网络社交等网络服务提供者应当针对未成年人使用其服务设置相应的时间管理、权限管理、消费管理等功能。

以未成年人为服务对象的在线教育网络产品和服务，不得插入网络游戏链接，不得推送广告等与教学无关的信息。

第七十五条 网络游戏经依法审批后方可运营。

国家建立统一的未成年人网络游戏电子身份认证系统。网络游戏服务提供者应当要求未成年人以真实身份信息注册并登录网络游戏。

网络游戏服务提供者应当按照国家有关规定和标准，对游戏产品进行分类，作出适龄提示，并采取技术措施，不得让未成年人接触不适宜的游戏或者游戏功能。

网络游戏服务提供者不得在每日二十二时至次日八时向未成年人提供网络游戏服务。

第七十六条 网络直播服务提供者不得为未满十六周岁的未成年人提供网络直播发布者账号注册服务；为年满十六周岁的未成年人提供网络直播发

布者账号注册服务时，应当对其身份信息进行认证，并征得其父母或者其他监护人同意。

第七十七条　任何组织或者个人不得通过网络以文字、图片、音视频等形式，对未成年人实施侮辱、诽谤、威胁或者恶意损害形象等网络欺凌行为。

遭受网络欺凌的未成年人及其父母或者其他监护人有权通知网络服务提供者采取删除、屏蔽、断开链接等措施。网络服务提供者接到通知后，应当及时采取必要的措施制止网络欺凌行为，防止信息扩散。

第七十八条　网络产品和服务提供者应当建立便捷、合理、有效的投诉和举报渠道，公开投诉、举报方式等信息，及时受理并处理涉及未成年人的投诉、举报。

第七十九条　任何组织或者个人发现网络产品、服务含有危害未成年人身心健康的信息，有权向网络产品和服务提供者或者网信、公安等部门投诉、举报。

第八十条　网络服务提供者发现用户发布、传播可能影响未成年人身心健康的信息且未作显著提示的，应当作出提示或者通知用户予以提示；未作出提示的，不得传输相关信息。

网络服务提供者发现用户发布、传播含有危害未成年人身心健康内容的信息的，应当立即停止传输相关信息，采取删除、屏蔽、断开链接等处置措施，保存有关记录，并向网信、公安等部门报告。

网络服务提供者发现用户利用其网络服务对未成年人实施违法犯罪行为的，应当立即停止向该用户提供网络服务，保存有关记录，并向公安机关报告。

第六章　政　府　保　护

第八十一条　县级以上人民政府承担未成年人保护协调机制具体工作的职能部门应当明确相关内设机构或者专门人员，负责承担未成年人保护工作。

乡镇人民政府和街道办事处应当设立未成年人保护工作站或者指定专门人员，及时办理未成年人相关事务；支持、指导居民委员会、村民委员会设立专人专岗，做好未成年人保护工作。

第八十二条　各级人民政府应当将家庭教育指导服务纳入城乡公共服务体系，开展家庭教育知识宣传，鼓励和支持有关人民团体、企业事业单位、社会组织开展家庭教育指导服务。

第八十三条　各级人民政府应当保障未成年人受教育的权利，并采取措施保障留守未成年人、困境未成年人、残疾未成年人接受义务教育。

对尚未完成义务教育的辍学未成年学生，教育行政部门应当责令父母或者其他监护人将其送入学校接受义务教育。

第八十四条　各级人民政府应当发展托育、学前教育事业，办好婴幼儿照护服务机构、幼儿园，支持社会力量依法兴办母婴室、婴幼儿照护服务机构、幼儿园。

县级以上地方人民政府及其有关部门应当培养和培训婴幼儿照护服务机构、幼儿园的保教人员，提高其职业道德素质和业务能力。

第八十五条　各级人民政府应当发展职业教育，

保障未成年人接受职业教育或者职业技能培训，鼓励和支持人民团体、企业事业单位、社会组织为未成年人提供职业技能培训服务。

第八十六条　各级人民政府应当保障具有接受普通教育能力、能适应校园生活的残疾未成年人就近在普通学校、幼儿园接受教育；保障不具有接受普通教育能力的残疾未成年人在特殊教育学校、幼儿园接受学前教育、义务教育和职业教育。

各级人民政府应当保障特殊教育学校、幼儿园的办学、办园条件，鼓励和支持社会力量举办特殊教育学校、幼儿园。

第八十七条　地方人民政府及其有关部门应当保障校园安全，监督、指导学校、幼儿园等单位落实校园安全责任，建立突发事件的报告、处置和协调机制。

第八十八条　公安机关和其他有关部门应当依法维护校园周边的治安和交通秩序，设置监控设备和交通安全设施，预防和制止侵害未成年人的违法犯罪行为。

第八十九条　地方人民政府应当建立和改善适合未成年人的活动场所和设施,支持公益性未成年人活动场所和设施的建设和运行,鼓励社会力量兴办适合未成年人的活动场所和设施,并加强管理。

地方人民政府应当采取措施,鼓励和支持学校在国家法定节假日、休息日及寒暑假期将文化体育设施对未成年人免费或者优惠开放。

地方人民政府应当采取措施,防止任何组织或者个人侵占、破坏学校、幼儿园、婴幼儿照护服务机构等未成年人活动场所的场地、房屋和设施。

第九十条　各级人民政府及其有关部门应当对未成年人进行卫生保健和营养指导,提供卫生保健服务。

卫生健康部门应当依法对未成年人的疫苗预防接种进行规范,防治未成年人常见病、多发病,加强传染病防治和监督管理,做好伤害预防和干预,指导和监督学校、幼儿园、婴幼儿照护服务机构开展卫生保健工作。

教育行政部门应当加强未成年人的心理健康教育，建立未成年人心理问题的早期发现和及时干预机制。卫生健康部门应当做好未成年人心理治疗、心理危机干预以及精神障碍早期识别和诊断治疗等工作。

第九十一条　各级人民政府及其有关部门对困境未成年人实施分类保障，采取措施满足其生活、教育、安全、医疗康复、住房等方面的基本需要。

第九十二条　具有下列情形之一的，民政部门应当依法对未成年人进行临时监护：

（一）未成年人流浪乞讨或者身份不明，暂时查找不到父母或者其他监护人；

（二）监护人下落不明且无其他人可以担任监护人；

（三）监护人因自身客观原因或者因发生自然灾害、事故灾难、公共卫生事件等突发事件不能履行监护职责，导致未成年人监护缺失；

（四）监护人拒绝或者怠于履行监护职责，导致未成年人处于无人照料的状态；

（五）监护人教唆、利用未成年人实施违法犯罪行为，未成年人需要被带离安置；

（六）未成年人遭受监护人严重伤害或者面临人身安全威胁，需要被紧急安置；

（七）法律规定的其他情形。

第九十三条　对临时监护的未成年人，民政部门可以采取委托亲属抚养、家庭寄养等方式进行安置，也可以交由未成年人救助保护机构或者儿童福利机构进行收留、抚养。

临时监护期间，经民政部门评估，监护人重新具备履行监护职责条件的，民政部门可以将未成年人送回监护人抚养。

第九十四条　具有下列情形之一的，民政部门应当依法对未成年人进行长期监护：

（一）查找不到未成年人的父母或者其他监护人；

（二）监护人死亡或者被宣告死亡且无其他人可以担任监护人；

（三）监护人丧失监护能力且无其他人可以担任监护人；

（四）人民法院判决撤销监护人资格并指定由民政部门担任监护人；

（五）法律规定的其他情形。

第九十五条　民政部门进行收养评估后，可以依法将其长期监护的未成年人交由符合条件的申请人收养。收养关系成立后，民政部门与未成年人的监护关系终止。

第九十六条　民政部门承担临时监护或者长期监护职责的，财政、教育、卫生健康、公安等部门应当根据各自职责予以配合。

县级以上人民政府及其民政部门应当根据需要设立未成年人救助保护机构、儿童福利机构，负责收留、抚养由民政部门监护的未成年人。

第九十七条　县级以上人民政府应当开通全国统一的未成年人保护热线，及时受理、转介侵犯未成年人合法权益的投诉、举报；鼓励和支持人民团体、企业事业单位、社会组织参与建设未成年人保护服务平台、服务热线、服务站点，提供未成年人保护方面的咨询、帮助。

第九十八条 国家建立性侵害、虐待、拐卖、暴力伤害等违法犯罪人员信息查询系统，向密切接触未成年人的单位提供免费查询服务。

第九十九条 地方人民政府应当培育、引导和规范有关社会组织、社会工作者参与未成年人保护工作，开展家庭教育指导服务，为未成年人的心理辅导、康复救助、监护及收养评估等提供专业服务。

第七章 司 法 保 护

第一百条 公安机关、人民检察院、人民法院和司法行政部门应当依法履行职责，保障未成年人合法权益。

第一百零一条 公安机关、人民检察院、人民法院和司法行政部门应当确定专门机构或者指定专门人员，负责办理涉及未成年人案件。办理涉及未成年人案件的人员应当经过专门培训，熟悉未成年人身心特点。专门机构或者专门人员中，应当有女性工作人员。

公安机关、人民检察院、人民法院和司法行政部门应当对上述机构和人员实行与未成年人保护工作相适应的评价考核标准。

第一百零二条 公安机关、人民检察院、人民法院和司法行政部门办理涉及未成年人案件，应当考虑未成年人身心特点和健康成长的需要，使用未成年人能够理解的语言和表达方式，听取未成年人的意见。

第一百零三条 公安机关、人民检察院、人民法院、司法行政部门以及其他组织和个人不得披露有关案件中未成年人的姓名、影像、住所、就读学校以及其他可能识别出其身份的信息，但查找失踪、被拐卖未成年人等情形除外。

第一百零四条 对需要法律援助或者司法救助的未成年人，法律援助机构或者公安机关、人民检察院、人民法院和司法行政部门应当给予帮助，依法为其提供法律援助或者司法救助。

法律援助机构应当指派熟悉未成年人身心特点的律师为未成年人提供法律援助服务。

法律援助机构和律师协会应当对办理未成年人法律援助案件的律师进行指导和培训。

第一百零五条 人民检察院通过行使检察权，对涉及未成年人的诉讼活动等依法进行监督。

第一百零六条 未成年人合法权益受到侵犯，相关组织和个人未代为提起诉讼的，人民检察院可以督促、支持其提起诉讼；涉及公共利益的，人民检察院有权提起公益诉讼。

第一百零七条 人民法院审理继承案件，应当依法保护未成年人的继承权和受遗赠权。

人民法院审理离婚案件，涉及未成年子女抚养问题的，应当尊重已满八周岁未成年子女的真实意愿，根据双方具体情况，按照最有利于未成年子女的原则依法处理。

第一百零八条　未成年人的父母或者其他监护人不依法履行监护职责或者严重侵犯被监护的未成年人合法权益的，人民法院可以根据有关人员或者单位的申请，依法作出人身安全保护令或者撤销监护人资格。

被撤销监护人资格的父母或者其他监护人应当依法继续负担抚养费用。

第一百零九条　人民法院审理离婚、抚养、收养、监护、探望等案件涉及未成年人的，可以自行或者委托社会组织对未成年人的相关情况进行社会调查。

第一百一十条　公安机关、人民检察院、人民法院讯问未成年犯罪嫌疑人、被告人，询问未成年被害人、证人，应当依法通知其法定代理人或者其成年亲属、所在学校的代表等合适成年人到场，并采取适当方式，在适当场所进行，保障未成年人的名誉权、隐私权和其他合法权益。

人民法院开庭审理涉及未成年人案件，未成年被害人、证人一般不出庭作证；必须出庭的，应当采取保护其隐私的技术手段和心理干预等保护措施。

第一百一十一条　公安机关、人民检察院、人民法院应当与其他有关政府部门、人民团体、社会组织互相配合，对遭受性侵害或者暴力伤害的未成年被害人及其家庭实施必要的心理干预、经济救助、法律援助、转学安置等保护措施。

第一百一十二条　公安机关、人民检察院、人民法院办理未成年人遭受性侵害或者暴力伤害案件，在询问未成年被害人、证人时，应当采取同步录音录像等措施，尽量一次完成；未成年被害人、证人是女性的，应当由女性工作人员进行。

第一百一十三条　对违法犯罪的未成年人，实行教育、感化、挽救的方针，坚持教育为主、惩罚为辅的原则。

对违法犯罪的未成年人依法处罚后，在升学、就业等方面不得歧视。

第一百一十四条　公安机关、人民检察院、人民法院和司法行政部门发现有关单位未尽到未成年人教育、管理、救助、看护等保护职责的，应当向该单位提出建议。被建议单位应当在一个月内作出书面回复。

第一百一十五条　公安机关、人民检察院、人民法院和司法行政部门应当结合实际，根据涉及未成年人案件的特点，开展未成年人法治宣传教育工作。

第一百一十六条　国家鼓励和支持社会组织、社会工作者参与涉及未成年人案件中未成年人的心理干预、法律援助、社会调查、社会观护、教育矫治、社区矫正等工作。

第八章　法　律　责　任

第一百一十七条　违反本法第十一条第二款规定，未履行报告义务造成严重后果的，由上级主管部门或者所在单位对直接负责的主管人员和其他直接责任人员依法给予处分。

第一百一十八条　未成年人的父母或者其他监护人不依法履行监护职责或者侵犯未成年人合法权益的，由其居住地的居民委员会、村民委员会予以劝诫、制止；情节严重的，居民委员会、村民委员会应当及时向公安机关报告。

公安机关接到报告或者公安机关、人民检察院、人民法院在办理案件过程中发现未成年人的父母或者其他监护人存在上述情形的，应当予以训诫，并可以责令其接受家庭教育指导。

第一百一十九条　学校、幼儿园、婴幼儿照护服务等机构及其教职员工违反本法第二十七条、第二十八条、第三十九条规定的，由公安、教育、卫生健康、市场监督管理等部门按照职责分工责令改正；拒不改正或者情节严重的，对直接负责的主管人员和其他直接责任人员依法给予处分。

第一百二十条　违反本法第四十四条、第四十五条、第四十七条规定，未给予未成年人免费或者优惠待遇的，由市场监督管理、文化和旅游、交通运输等部门按照职责分工责令限期改正，给予警告；拒不改正的，处一万元以上十万元以下罚款。

第一百二十一条 违反本法第五十条、第五十一条规定的，由新闻出版、广播电视、电影、网信等部门按照职责分工责令限期改正，给予警告，没收违法所得，可以并处十万元以下罚款；拒不改正或者情节严重的，责令暂停相关业务、停产停业或者吊销营业执照、吊销相关许可证，违法所得一百万元以上的，并处违法所得一倍以上十倍以下的罚款，没有违法所得或者违法所得不足一百万元的，并处十万元以上一百万元以下罚款。

第一百二十二条 场所运营单位违反本法第五十六条第二款规定、住宿经营者违反本法第五十七条规定的，由市场监督管理、应急管理、公安等部门按照职责分工责令限期改正，给予警告；拒不改正或者造成严重后果的，责令停业整顿或者吊销营业执照、吊销相关许可证，并处一万元以上十万元以下罚款。

第一百二十三条 相关经营者违反本法第五十八条、第五十九条第一款、第六十条规定的，由文化和旅游、市场监督管理、烟草专卖、公安等部门按照职责分工责令限期改正，给予警告，没收违法所得，可以并处五万元以下罚款；拒不改正或者情节严重的，责令停业整顿或者吊销营业执照、吊销相关许可证，可以并处五万元以上五十万元以下罚款。

第一百二十四条 违反本法第五十九条第二款规定，在学校、幼儿园和其他未成年人集中活动的公共场所吸烟、饮酒的，由卫生健康、教育、市场监督管理等部门按照职责分工责令改正，给予警告，可以并处五百元以下罚款；场所管理者未及时制止的，由卫生健康、教育、市场监督管理等部门按照职责分工给予警告，并处一万元以下罚款。

第一百二十五条 违反本法第六十一条规定的，由文化和旅游、人力资源和社会保障、市场监督管理等部门按照职责分工责令限期改正，给予警告，没收违法所得，可以并处十万元以下罚款；拒不改正或者情节严重的，责令停产停业或者吊销营业执照、吊销相关许可证，并处十万元以上一百万元以下罚款。

第一百二十六条 密切接触未成年人的单位违反本法第六十二条规定，未履行查询义务，或者招用、继续聘用具有相关违法犯罪记录人员的，由教育、人力资源和社会保障、市场监督管理等部门按照职责分工责令限期改正，给予警告，并处五万元以下罚款；拒不改正或者造成严重后果的，责令停业整顿或者吊销营业执照、吊销相关许可证，并处五万元以上五十万元以下罚款，对直接负责的主管人员和其他直接责任人员依法给予处分。

第一百二十七条 信息处理者违反本法第七十二条规定，或者网络产品和服务提供者违反本法第七十三条、第七十四条、第七十五条、第七十六条、第七十七条、第八十条规定的，由公安、网信、电信、新闻出版、广播电视、文化和旅游等有关部门按照职责分工责令改正，给予警告，没收违法所得，违法所得一百万元以上的，并处违法所得一倍以上十倍以下罚款，没有违法所得或者违法所得不足一百万元的，并处十万元以上一百万元以下罚款，对直接负责的主管人员和其他责任人员处一万元以上十万元以下罚款；拒不改正或者情节严重的，并可以责令暂停相关业务、停业整顿、关闭网站、吊销营业执照或者吊销相关许可证。

第一百二十八条　国家机关工作人员玩忽职守、滥用职权、徇私舞弊，损害未成年人合法权益的，依法给予处分。

第一百二十九条　违反本法规定，侵犯未成年人合法权益，造成人身、财产或者其他损害的，依法承担民事责任。

违反本法规定，构成违反治安管理行为的，依法给予治安管理处罚；构成犯罪的，依法追究刑事责任。

第九章　附　　则

第一百三十条　本法中下列用语的含义：

（一）密切接触未成年人的单位，是指学校、幼儿园等教育机构；校外培训机构；未成年人救助保护机构、儿童福利机构等未成年人安置、救助机构；婴幼儿照护服务机构、早期教育服务机构；校外托管、临时看护机构；家政服务机构；为未成年人提供医疗服务的医疗机构；其他对未成年人负有教育、培训、监护、救助、看护、医疗等职责的企业事业单位、社会组织等。

（二）学校，是指普通中小学、特殊教育学校、中等职业学校、专门学校。

（三）学生欺凌，是指发生在学生之间，一方蓄意或者恶意通过肢体、语言及网络等手段实施欺压、侮辱，造成另一方人身伤害、财产损失或者精神损害的行为。

第一百三十一条 对中国境内未满十八周岁的外国人、无国籍人，依照本法有关规定予以保护。

第一百三十二条 本法自 2021 年 6 月 1 日起施行。

幼儿园管理条例

(1989 年 8 月 20 日国务院批准　1989 年
9 月 11 日国家教育委员会令第 4 号发布
自 1990 年 2 月 1 日起施行)

第一章　总　　则

第一条　为了加强幼儿园的管理，促进幼儿教育事业的发展，制定本条例。

第二条　本条例适用于招收三周岁以上学龄前幼儿，对其进行保育和教育的幼儿园。

第三条　幼儿园的保育和教育工作应当促进幼儿在体、智、德、美诸方面和谐发展。

第四条　地方各级人民政府应当根据本地区社会经济发展状况，制订幼儿园的发展规划。

幼儿园的设置应当与当地居民人口相适应。

乡、镇、市辖区和不设区的市的幼儿园的发展规划，应当包括幼儿园设置的布局方案。

第五条　地方各级人民政府可以依据本条例举办幼儿园，并鼓励和支持企业事业单位、社会团体、居民委员会、村民委员会和公民举办幼儿园或捐资助园。

第六条　幼儿园的管理实行地方负责、分级管理和各有关部门分工负责的原则。

国家教育委员会主管全国的幼儿园管理工作；地方各级人民政府的教育行政部门，主管本行政辖区内的幼儿园管理工作。

第二章　举办幼儿园的基本条件和审批程序

第七条　举办幼儿园必须将幼儿园设置在安全区域内。

严禁在污染区和危险区内设置幼儿园。

第八条　举办幼儿园必须具有与保育、教育的要求相适应的园舍和设施。

幼儿园的园舍和设施必须符合国家的卫生标准和安全标准。

第九条　举办幼儿园应当具有符合下列条件的保育、幼儿教育、医务和其他工作人员：

（一）幼儿园园长、教师应当具有幼儿师范学校（包括职业学校幼儿教育专业）毕业程度，或者经教育行政部门考核合格。

（二）医师应当具有医学院校毕业程度，医士和护士应当具有中等卫生学校毕业程度，或者取得卫生行政部门的资格认可。

（三）保健员应当具有高中毕业程度，并受过幼儿保健培训。

（四）保育员应当具有初中毕业程度，并受过幼儿保育职业培训。

慢性传染病、精神病患者，不得在幼儿园工作。

第十条　举办幼儿园的单位或者个人必须具有

进行保育、教育以及维修或扩建、改建幼儿园的园舍与设施的经费来源。

第十一条　国家实行幼儿园登记注册制度，未经登记注册，任何单位和个人不得举办幼儿园。

第十二条　城市幼儿园的举办、停办，由所在区、不设区的市的人民政府教育行政部门登记注册。

农村幼儿园的举办、停办，由所在乡、镇人民政府登记注册，并报县人民政府教育行政部门备案。

第三章　幼儿园的保育和教育工作

第十三条　幼儿园应当贯彻保育与教育相结合的原则，创设与幼儿的教育和发展相适应的和谐环境，引导幼儿个性的健康发展。

幼儿园应当保障幼儿的身体健康，培养幼儿的良好生活、卫生习惯；促进幼儿的智力发展；培养幼儿热爱祖国的情感以及良好的品德行为。

第十四条　幼儿园的招生、编班应当符合教育行政部门的规定。

第十五条　幼儿园应当使用全国通用的普通话。招收少数民族为主的幼儿园，可以使用本民族通用的语言。

第十六条　幼儿园应当以游戏为基本活动形式。

幼儿园可以根据本园的实际，安排和选择教育内容与方法，但不得进行违背幼儿教育规律，有损于幼儿身心健康的活动。

第十七条　严禁体罚和变相体罚幼儿。

第十八条　幼儿园应当建立卫生保健制度，防止发生食物中毒和传染病的流行。

第十九条　幼儿园应当建立安全防护制度，严禁在幼儿园内设置威胁幼儿安全的危险建筑物和设施，严禁使用有毒、有害物质制作教具、玩具。

第二十条　幼儿园发生食物中毒、传染病流行时，举办幼儿园的单位或者个人应当立即采取紧急救护措施，并及时报告当地教育行政部门或卫生行政部门。

第二十一条　幼儿园的园舍和设施有可能发生危险时，举办幼儿园的单位或个人应当采取措施，排除险情，防止事故发生。

第四章　幼儿园的行政事务

第二十二条　各级教育行政部门应当负责监督、评估和指导幼儿园的保育、教育工作，组织培训幼儿园的师资，审定、考核幼儿园教师的资格，并协助卫生行政部门检查和指导幼儿园的卫生保健工作，会同建设行政部门制定幼儿园园舍、设施的标准。

第二十三条　幼儿园园长负责幼儿园的工作。

幼儿园园长由举办幼儿园的单位或个人聘任，并向幼儿园的登记注册机关备案。

幼儿园的教师、医师、保健员、保育员和其他工作人员，由幼儿园园长聘任，也可由举办幼儿园的单位或个人聘任。

第二十四条　幼儿园可以依据本省、自治区、直辖市人民政府制定的收费标准，向幼儿家长收取保育费、教育费。

幼儿园应当加强财务管理，合理使用各项经费，任何单位和个人不得克扣、挪用幼儿园经费。

第二十五条　任何单位和个人，不得侵占和破坏幼儿园园舍和设施，不得在幼儿园周围设置有危险、有污染或影响幼儿园采光的建筑和设施，不得干扰幼儿园正常的工作秩序。

第五章　奖励与处罚

第二十六条　凡具备下列条件之一的单位或者个人，由教育行政部门和有关部门予以奖励：

（一）改善幼儿园的办园条件成绩显著的；

（二）保育、教育工作成绩显著的；

（三）幼儿园管理工作成绩显著的。

第二十七条　违反本条例，具有下列情形之一的幼儿园，由教育行政部门视情节轻重，给予限期整顿、停止招生、停止办园的行政处罚：

（一）未经登记注册，擅自招收幼儿的；

（二）园舍、设施不符合国家卫生标准、安全标准，妨害幼儿身体健康或者威胁幼儿生命安全的；

（三）教育内容和方法违背幼儿教育规律，损害幼儿身心健康的。

第二十八条 违反本条例，具有下列情形之一的单位或者个人，由教育行政部门对直接责任人员给予警告、罚款的行政处罚，或者由教育行政部门建议有关部门对责任人员给予行政处分：

（一）体罚或变相体罚幼儿的；

（二）使用有毒、有害物质制作教具、玩具的；

（三）克扣、挪用幼儿园经费的；

（四）侵占、破坏幼儿园园舍、设备的；

（五）干扰幼儿园正常工作秩序的；

（六）在幼儿园周围设置有危险、有污染或者影响幼儿园采光的建筑和设施的。

前款所列情形，情节严重，构成犯罪的，由司法机关依法追究刑事责任。

第二十九条　当事人对行政处罚不服的，可以在接到处罚通知之日起十五日内，向作出处罚决定的机关的上一级机关申请复议，对复议决定不服的，可在接到复议决定之日起十五日内，向人民法院提起诉讼。当事人逾期不申请复议或者不向人民法院提起诉讼又不履行处罚决定的，由作出处罚决定的机关申请人民法院强制执行。

第六章　附　　则

第三十条　省、自治区、直辖市人民政府可根据本条例制定实施办法。

第三十一条　本条例由国家教育委员会解释。

第三十二条　本条例自 1990 年 2 月 1 日起施行。

幼儿园工作规程

(2016 年 1 月 5 日教育部令第 39 号公
布　自 2016 年 3 月 1 日起施行)

第一章　总　　则

第一条　为了加强幼儿园的科学管理，规范办
园行为，提高保育和教育质量，促进幼儿身心健康，
依据《中华人民共和国教育法》等法律法规，制定
本规程。

第二条　幼儿园是对 3 周岁以上学龄前幼儿实
施保育和教育的机构。幼儿园教育是基础教育的重
要组成部分，是学校教育制度的基础阶段。

第三条　幼儿园的任务是：贯彻国家的教育方
针，按照保育与教育相结合的原则，遵循幼儿身心

发展特点和规律，实施德、智、体、美等方面全面发展的教育，促进幼儿身心和谐发展。

幼儿园同时面向幼儿家长提供科学育儿指导。

第四条 幼儿园适龄幼儿一般为 3 周岁至 6 周岁。幼儿园一般为三年制。

第五条 幼儿园保育和教育的主要目标是：

（一）促进幼儿身体正常发育和机能的协调发展，增强体质，促进心理健康，培养良好的生活习惯、卫生习惯和参加体育活动的兴趣。

（二）发展幼儿智力，培养正确运用感官和运用语言交往的基本能力，增进对环境的认识，培养有益的兴趣和求知欲望，培养初步的动手探究能力。

（三）萌发幼儿爱祖国、爱家乡、爱集体、爱劳动、爱科学的情感，培养诚实、自信、友爱、勇敢、勤学、好问、爱护公物、克服困难、讲礼貌、守纪律等良好的品德行为和习惯，以及活泼开朗的性格。

（四）培养幼儿初步感受美和表现美的情趣和能力。

第六条　幼儿园教职工应当尊重、爱护幼儿，严禁虐待、歧视、体罚和变相体罚、侮辱幼儿人格等损害幼儿身心健康的行为。

第七条　幼儿园可分为全日制、半日制、定时制、季节制和寄宿制等。上述形式可分别设置，也可混合设置。

第二章　幼儿入园和编班

第八条　幼儿园每年秋季招生。平时如有缺额，可随时补招。

幼儿园对烈士子女、家中无人照顾的残疾人子女、孤儿、家庭经济困难幼儿、具有接受普通教育能力的残疾儿童等入园，按照国家和地方的有关规定予以照顾。

第九条　企业、事业单位和机关、团体、部队设置的幼儿园，除招收本单位工作人员的子女外，应当积极创造条件向社会开放，招收附近居民子女入园。

第十条 幼儿入园前，应当按照卫生部门制定的卫生保健制度进行健康检查，合格者方可入园。

幼儿入园除进行健康检查外，禁止任何形式的考试或测查。

第十一条 幼儿园规模应当有利于幼儿身心健康，便于管理，一般不超过360人。

幼儿园每班幼儿人数一般为：小班（3周岁至4周岁）25人，中班（4周岁至5周岁）30人，大班（5周岁至6周岁）35人，混合班30人。寄宿制幼儿园每班幼儿人数酌减。

幼儿园可以按年龄分别编班，也可以混合编班。

第三章 幼儿园的安全

第十二条 幼儿园应当严格执行国家和地方幼儿园安全管理的相关规定，建立健全门卫、房屋、设备、消防、交通、食品、药物、幼儿接送交接、活动组织和幼儿就寝值守等安全防护和检查制度，建立安全责任制和应急预案。

第十三条　幼儿园的园舍应当符合国家和地方的建设标准，以及相关安全、卫生等方面的规范，定期检查维护，保障安全。幼儿园不得设置在污染区和危险区，不得使用危房。

幼儿园的设备设施、装修装饰材料、用品用具和玩教具材料等，应当符合国家相关的安全质量标准和环保要求。

入园幼儿应当由监护人或者其委托的成年人接送。

第十四条　幼儿园应当严格执行国家有关食品药品安全的法律法规，保障饮食饮水卫生安全。

第十五条　幼儿园教职工必须具有安全意识，掌握基本急救常识和防范、避险、逃生、自救的基本方法，在紧急情况下应当优先保护幼儿的人身安全。

幼儿园应当把安全教育融入一日生活，并定期组织开展多种形式的安全教育和事故预防演练。

幼儿园应当结合幼儿年龄特点和接受能力开展反家庭暴力教育，发现幼儿遭受或者疑似遭受家庭暴力的，应当依法及时向公安机关报案。

第十六条　幼儿园应当投保校方责任险。

第四章　幼儿园的卫生保健

第十七条　幼儿园必须切实做好幼儿生理和心理卫生保健工作。

幼儿园应当严格执行《托儿所幼儿园卫生保健管理办法》以及其他有关卫生保健的法规、规章和制度。

第十八条　幼儿园应当制定合理的幼儿一日生活作息制度。正餐间隔时间为3.5—4小时。在正常情况下，幼儿户外活动时间（包括户外体育活动时间）每天不得少于2小时，寄宿制幼儿园不得少于3小时；高寒、高温地区可酌情增减。

第十九条　幼儿园应当建立幼儿健康检查制度

和幼儿健康卡或档案。每年体检一次，每半年测身高、视力一次，每季度量体重一次；注意幼儿口腔卫生，保护幼儿视力。

幼儿园对幼儿健康发展状况定期进行分析、评价，及时向家长反馈结果。

幼儿园应当关注幼儿心理健康，注重满足幼儿的发展需要，保持幼儿积极的情绪状态，让幼儿感受到尊重和接纳。

第二十条　幼儿园应当建立卫生消毒、晨检、午检制度和病儿隔离制度，配合卫生部门做好计划免疫工作。

幼儿园应当建立传染病预防和管理制度，制定突发传染病应急预案，认真做好疾病防控工作。

幼儿园应当建立患病幼儿用药的委托交接制度，未经监护人委托或者同意，幼儿园不得给幼儿用药。幼儿园应当妥善管理药品，保证幼儿用药安全。

幼儿园内禁止吸烟、饮酒。

第二十一条　供给膳食的幼儿园应当为幼儿提

供安全卫生的食品，编制营养平衡的幼儿食谱，定期计算和分析幼儿的进食量和营养素摄取量，保证幼儿合理膳食。

幼儿园应当每周向家长公示幼儿食谱，并按照相关规定进行食品留样。

第二十二条 幼儿园应当配备必要的设备设施，及时为幼儿提供安全卫生的饮用水。

幼儿园应当培养幼儿良好的大小便习惯，不得限制幼儿便溺的次数、时间等。

第二十三条 幼儿园应当积极开展适合幼儿的体育活动，充分利用日光、空气、水等自然因素以及本地自然环境，有计划地锻炼幼儿肌体，增强身体的适应和抵抗能力。正常情况下，每日户外体育活动不得少于1小时。

幼儿园在开展体育活动时，应当对体弱或有残疾的幼儿予以特殊照顾。

第二十四条 幼儿园夏季要做好防暑降温工作，冬季要做好防寒保暖工作，防止中暑和冻伤。

第五章　幼儿园的教育

第二十五条　幼儿园教育应当贯彻以下原则和要求：

（一）德、智、体、美等方面的教育应当互相渗透，有机结合。

（二）遵循幼儿身心发展规律，符合幼儿年龄特点，注重个体差异，因人施教，引导幼儿个性健康发展。

（三）面向全体幼儿，热爱幼儿，坚持积极鼓励、启发引导的正面教育。

（四）综合组织健康、语言、社会、科学、艺术各领域的教育内容，渗透于幼儿一日生活的各项活动中，充分发挥各种教育手段的交互作用。

（五）以游戏为基本活动，寓教育于各项活动之中。

（六）创设与教育相适应的良好环境，为幼儿提供活动和表现能力的机会与条件。

第二十六条　幼儿一日活动的组织应当动静交替，注重幼儿的直接感知、实际操作和亲身体验，保证幼儿愉快的、有益的自由活动。

第二十七条　幼儿园日常生活组织，应当从实际出发，建立必要、合理的常规，坚持一贯性和灵活性相结合，培养幼儿的良好习惯和初步的生活自理能力。

第二十八条　幼儿园应当为幼儿提供丰富多样的教育活动。

教育活动内容应当根据教育目标、幼儿的实际水平和兴趣确定，以循序渐进为原则，有计划地选择和组织。

教育活动的组织应当灵活地运用集体、小组和个别活动等形式，为每个幼儿提供充分参与的机会，满足幼儿多方面发展的需要，促进每个幼儿在不同水平上得到发展。

教育活动的过程应注重支持幼儿的主动探索、操作实践、合作交流和表达表现，不应片面追求活动结果。

第二十九条　幼儿园应当将游戏作为对幼儿进行全面发展教育的重要形式。

幼儿园应当因地制宜创设游戏条件，提供丰富、适宜的游戏材料，保证充足的游戏时间，开展多种游戏。

幼儿园应当根据幼儿的年龄特点指导游戏，鼓励和支持幼儿根据自身兴趣、需要和经验水平，自主选择游戏内容、游戏材料和伙伴，使幼儿在游戏过程中获得积极的情绪情感，促进幼儿能力和个性的全面发展。

第三十条　幼儿园应当将环境作为重要的教育资源，合理利用室内外环境，创设开放的、多样的区域活动空间，提供适合幼儿年龄特点的丰富的玩具、操作材料和幼儿读物，支持幼儿自主选择和主动学习，激发幼儿学习的兴趣与探究的愿望。

幼儿园应当营造尊重、接纳和关爱的氛围，建立良好的同伴和师生关系。

幼儿园应当充分利用家庭和社区的有利条件，

丰富和拓展幼儿园的教育资源。

第三十一条　幼儿园的品德教育应当以情感教育和培养良好行为习惯为主，注重潜移默化的影响，并贯穿于幼儿生活以及各项活动之中。

第三十二条　幼儿园应当充分尊重幼儿的个体差异，根据幼儿不同的心理发展水平，研究有效的活动形式和方法，注重培养幼儿良好的个性心理品质。

幼儿园应当为在园残疾儿童提供更多的帮助和指导。

第三十三条　幼儿园和小学应当密切联系，互相配合，注意两个阶段教育的相互衔接。

幼儿园不得提前教授小学教育内容，不得开展任何违背幼儿身心发展规律的活动。

第六章　幼儿园的园舍、设备

第三十四条　幼儿园应当按照国家的相关规定设活动室、寝室、卫生间、保健室、综合活动室、厨房和办公用房等，并达到相应的建设标准。有条件的幼儿园应当优先扩大幼儿游戏和活动空间。

寄宿制幼儿园应当增设隔离室、浴室和教职工值班室等。

第三十五条 幼儿园应当有与其规模相适应的户外活动场地，配备必要的游戏和体育活动设施，创造条件开辟沙地、水池、种植园地等，并根据幼儿活动的需要绿化、美化园地。

第三十六条 幼儿园应当配备适合幼儿特点的桌椅、玩具架、盥洗卫生用具，以及必要的玩教具、图书和乐器等。

玩教具应当具有教育意义并符合安全、卫生要求。幼儿园应当因地制宜，就地取材，自制玩教具。

第三十七条 幼儿园的建筑规划面积、建筑设计和功能要求，以及设施设备、玩教具配备，按照国家和地方的相关规定执行。

第七章　幼儿园的教职工

第三十八条 幼儿园按照国家相关规定设园长、

副园长、教师、保育员、卫生保健人员、炊事员和其他工作人员等岗位，配足配齐教职工。

第三十九条 幼儿园教职工应当贯彻国家教育方针，具有良好品德，热爱教育事业，尊重和爱护幼儿，具有专业知识和技能以及相应的文化和专业素养，为人师表，忠于职责，身心健康。

幼儿园教职工患传染病期间暂停在幼儿园的工作。有犯罪、吸毒记录和精神病史者不得在幼儿园工作。

第四十条 幼儿园园长应当符合本规程第三十九条规定，并应当具有《教师资格条例》规定的教师资格、具备大专以上学历、有三年以上幼儿园工作经历和一定的组织管理能力，并取得幼儿园园长岗位培训合格证书。

幼儿园园长由举办者任命或者聘任，并报当地主管的教育行政部门备案。

幼儿园园长负责幼儿园的全面工作，主要职责如下：

106

（一）贯彻执行国家的有关法律、法规、方针、政策和地方的相关规定，负责建立并组织执行幼儿园的各项规章制度；

（二）负责保育教育、卫生保健、安全保卫工作；

（三）负责按照有关规定聘任、调配教职工，指导、检查和评估教师以及其他工作人员的工作，并给予奖惩；

（四）负责教职工的思想工作，组织业务学习，并为他们的学习、进修、教育研究创造必要的条件；

（五）关心教职工的身心健康，维护他们的合法权益，改善他们的工作条件；

（六）组织管理园舍、设备和经费；

（七）组织和指导家长工作；

（八）负责与社区的联系和合作。

第四十一条　幼儿园教师必须具有《教师资格条例》规定的幼儿园教师资格，并符合本规程第三十九条规定。

幼儿园教师实行聘任制。

幼儿园教师对本班工作全面负责，其主要职责如下：

（一）观察了解幼儿，依据国家有关规定，结合本班幼儿的发展水平和兴趣需要，制订和执行教育工作计划，合理安排幼儿一日生活；

（二）创设良好的教育环境，合理组织教育内容，提供丰富的玩具和游戏材料，开展适宜的教育活动；

（三）严格执行幼儿园安全、卫生保健制度，指导并配合保育员管理本班幼儿生活，做好卫生保健工作；

（四）与家长保持经常联系，了解幼儿家庭的教育环境，商讨符合幼儿特点的教育措施，相互配合共同完成教育任务；

（五）参加业务学习和保育教育研究活动；

（六）定期总结评估保教工作实效，接受园长的指导和检查。

第四十二条 幼儿园保育员应当符合本规程第三十九条规定，并应当具备高中毕业以上学历，受过幼儿保育职业培训。

幼儿园保育员的主要职责如下：

（一）负责本班房舍、设备、环境的清洁卫生和消毒工作；

（二）在教师指导下，科学照料和管理幼儿生活，并配合本班教师组织教育活动；

（三）在卫生保健人员和本班教师指导下，严格执行幼儿园安全、卫生保健制度；

（四）妥善保管幼儿衣物和本班的设备、用具。

第四十三条　幼儿园卫生保健人员除符合本规程第三十九条规定外，医师应当取得卫生行政部门颁发的《医师执业证书》；护士应当取得《护士执业证书》；保健员应当具有高中毕业以上学历，并经过当地妇幼保健机构组织的卫生保健专业知识培训。

幼儿园卫生保健人员对全园幼儿身体健康负责，其主要职责如下：

（一）协助园长组织实施有关卫生保健方面的法规、规章和制度，并监督执行；

（二）负责指导调配幼儿膳食，检查食品、饮水和环境卫生；

（三）负责晨检、午检和健康观察，做好幼儿营养、生长发育的监测和评价；定期组织幼儿健康体检，做好幼儿健康档案管理；

（四）密切与当地卫生保健机构的联系，协助做好疾病防控和计划免疫工作；

（五）向幼儿园教职工和家长进行卫生保健宣传和指导。

（六）妥善管理医疗器械、消毒用具和药品。

第四十四条 幼儿园其他工作人员的资格和职责，按照国家和地方的有关规定执行。

第四十五条 对认真履行职责、成绩优良的幼儿园教职工，应当按照有关规定给予奖励。

对不履行职责的幼儿园教职工，应当视情节轻重，依法依规给予相应处分。

第八章　幼儿园的经费

第四十六条 幼儿园的经费由举办者依法筹措，

保障有必备的办园资金和稳定的经费来源。

按照国家和地方相关规定接受财政扶持的提供普惠性服务的国有企事业单位办园、集体办园和民办园等幼儿园，应当接受财务、审计等有关部门的监督检查。

第四十七条 幼儿园收费按照国家和地方的有关规定执行。

幼儿园实行收费公示制度，收费项目和标准向家长公示，接受社会监督，不得以任何名义收取与新生入园相挂钩的赞助费。

幼儿园不得以培养幼儿某种专项技能、组织或参与竞赛等为由，另外收取费用；不得以营利为目的组织幼儿表演、竞赛等活动。

第四十八条 幼儿园的经费应当按照规定的使用范围合理开支，坚持专款专用，不得挪作他用。

第四十九条 幼儿园举办者筹措的经费，应当保证保育和教育的需要，有一定比例用于改善办园条件和开展教职工培训。

第五十条　幼儿膳食费应当实行民主管理制度，保证全部用于幼儿膳食，每月向家长公布账目。

第五十一条　幼儿园应当建立经费预算和决算审核制度，经费预算和决算应当提交园务委员会审议，并接受财务和审计部门的监督检查。

幼儿园应当依法建立资产配置、使用、处置、产权登记、信息管理等管理制度，严格执行有关财务制度。

第九章　幼儿园、家庭和社区

第五十二条　幼儿园应当主动与幼儿家庭沟通合作，为家长提供科学育儿宣传指导，帮助家长创设良好的家庭教育环境，共同担负教育幼儿的任务。

第五十三条　幼儿园应当建立幼儿园与家长联系的制度。幼儿园可采取多种形式，指导家长正确了解幼儿园保育和教育的内容、方法，定期召开家长会议，并接待家长的来访和咨询。

幼儿园应当认真分析、吸收家长对幼儿园教育与管理工作的意见与建议。

幼儿园应当建立家长开放日制度。

第五十四条　幼儿园应当成立家长委员会。

家长委员会的主要任务是：对幼儿园重要决策和事关幼儿切身利益的事项提出意见和建议；发挥家长的专业和资源优势，支持幼儿园保育教育工作；帮助家长了解幼儿园工作计划和要求，协助幼儿园开展家庭教育指导和交流。

家长委员会在幼儿园园长指导下工作。

第五十五条　幼儿园应当加强与社区的联系与合作，面向社区宣传科学育儿知识，开展灵活多样的公益性早期教育服务，争取社区对幼儿园的多方面支持。

第十章　幼儿园的管理

第五十六条　幼儿园实行园长负责制。

幼儿园应当建立园务委员会。园务委员会由园长、副园长、党组织负责人和保教、卫生保健、财会等方面工作人员的代表以及幼儿家长代表组成。园长任园务委员会主任。

园长定期召开园务委员会会议，遇重大问题可临时召集，对规章制度的建立、修改、废除，全园工作计划，工作总结，人员奖惩，财务预算和决算方案，以及其他涉及全园工作的重要问题进行审议。

第五十七条 幼儿园应当加强党组织建设，充分发挥党组织政治核心作用、战斗堡垒作用。幼儿园应当为工会、共青团等其他组织开展工作创造有利条件，充分发挥其在幼儿园工作中的作用。

第五十八条 幼儿园应当建立教职工大会制度或者教职工代表大会制度，依法加强民主管理和监督。

第五十九条 幼儿园应当建立教研制度，研究解决保教工作中的实际问题。

第六十条 幼儿园应当制订年度工作计划，定期部署、总结和报告工作。每学年年末应当向教育等行政主管部门报告工作，必要时随时报告。

第六十一条　幼儿园应当接受上级教育、卫生、公安、消防等部门的检查、监督和指导，如实报告工作和反映情况。

幼儿园应当依法接受教育督导部门的督导。

第六十二条　幼儿园应当建立业务档案、财务管理、园务会议、人员奖惩、安全管理以及与家庭、小学联系等制度。

幼儿园应当建立信息管理制度，按照规定采集、更新、报送幼儿园管理信息系统的相关信息，每年向主管教育行政部门报送统计信息。

第六十三条　幼儿园教师依法享受寒暑假期的带薪休假。幼儿园应当创造条件，在寒暑假期间，安排工作人员轮流休假。具体办法由举办者制定。

第十一章　附　　则

第六十四条　本规程适用于城乡各类幼儿园。

第六十五条　省、自治区、直辖市教育行政部门可根据本规程，制订具体实施办法。

第六十六条　本规程自 2016 年 3 月 1 日起施行。1996 年 3 月 9 日由原国家教育委员会令第 25 号发布的《幼儿园工作规程》同时废止。

中小学幼儿园安全管理办法

（2006 年 6 月 30 日教育部、公安部、司法部、建设部、交通部、文化部、卫生部、国家工商行政管理总局、国家质量监督检验检疫总局、新闻出版总署令第 23 号公布 自 2006 年 9 月 1 日起施行）

第一章 总 则

第一条 为加强中小学、幼儿园安全管理，保障学校及其学生和教职工的人身、财产安全，维护中小学、幼儿园正常的教育教学秩序，根据《中华人民共和国教育法》等法律法规，制定本办法。

第二条 普通中小学、中等职业学校、幼儿园（班）、特殊教育学校、工读学校（以下统称学校）

的安全管理适用本办法。

第三条　学校安全管理遵循积极预防、依法管理、社会参与、各负其责的方针。

第四条　学校安全管理工作主要包括：

（一）构建学校安全工作保障体系，全面落实安全工作责任制和事故责任追究制，保障学校安全工作规范、有序进行；

（二）健全学校安全预警机制，制定突发事件应急预案，完善事故预防措施，及时排除安全隐患，不断提高学校安全工作管理水平；

（三）建立校园周边整治协调工作机制，维护校园及周边环境安全；

（四）加强安全宣传教育培训，提高师生安全意识和防护能力；

（五）事故发生后启动应急预案、对伤亡人员实施救治和责任追究等。

第五条　各级教育、公安、司法行政、建设、交通、文化、卫生、工商、质检、新闻出版等部门在本级人民政府的领导下，依法履行学校周边治理和学校安全的监督与管理职责。

学校应当按照本办法履行安全管理和安全教育职责。

社会团体、企业事业单位、其他社会组织和个人应当积极参与和支持学校安全工作，依法维护学校安全。

第二章　安全管理职责

第六条　地方各级人民政府及其教育、公安、司法行政、建设、交通、文化、卫生、工商、质检、新闻出版等部门应当按照职责分工，依法负责学校安全工作，履行学校安全管理职责。

第七条　教育行政部门对学校安全工作履行下列职责：

（一）全面掌握学校安全工作状况，制定学校安全工作考核目标，加强对学校安全工作的检查指导，督促学校建立健全并落实安全管理制度；

（二）建立安全工作责任制和事故责任追究制，及时消除安全隐患，指导学校妥善处理学生伤害事故；

（三）及时了解学校安全教育情况，组织学校有针对性地开展学生安全教育，不断提高教育实效；

（四）制定校园安全的应急预案，指导、监督下级教育行政部门和学校开展安全工作；

（五）协调政府其他相关职能部门共同做好学校安全管理工作，协助当地人民政府组织对学校安全事故的救援和调查处理。

教育督导机构应当组织学校安全工作的专项督导。

第八条　公安机关对学校安全工作履行下列职责：

（一）了解掌握学校及周边治安状况，指导学校做好校园保卫工作，及时依法查处扰乱校园秩序、侵害师生人身、财产安全的案件；

（二）指导和监督学校做好消防安全工作；

（三）协助学校处理校园突发事件。

第九条　卫生部门对学校安全工作履行下列职责：

（一）检查、指导学校卫生防疫和卫生保健工作，落实疾病预防控制措施；

（二）监督、检查学校食堂、学校饮用水和游泳池的卫生状况。

第十条　建设部门对学校安全工作履行下列职责：

（一）加强对学校建筑、燃气设施设备安全状况的监管，发现安全事故隐患的，应当依法责令立即排除；

（二）指导校舍安全检查鉴定工作；

（三）加强对学校工程建设各环节的监督管理，发现校舍、楼梯护栏及其他教学、生活设施违反工程建设强制性标准的，应责令纠正；

（四）依法督促学校定期检验、维修和更新学校相关设施设备。

第十一条　质量技术监督部门应当定期检查学校特种设备及相关设施的安全状况。

第十二条　公安、卫生、交通、建设等部门应当定期向教育行政部门和学校通报与学校安全管理相关的社会治安、疾病防治、交通等情况，提出具体预防要求。

第十三条　文化、新闻出版、工商等部门应当对校园周边的有关经营服务场所加强管理和监督，依法查处违法经营者，维护有利于青少年成长的良好环境。

司法行政、公安等部门应当按照有关规定履行学校安全教育职责。

第十四条　举办学校的地方人民政府、企业事业组织、社会团体和公民个人，应当对学校安全工作履行下列职责：

（一）保证学校符合基本办学标准，保证学校围墙、校舍、场地、教学设施、教学用具、生活设施和饮用水源等办学条件符合国家安全质量标准；

（二）配置紧急照明装置和消防设施与器材，保证学校教学楼、图书馆、实验室、师生宿舍等场所的照明、消防条件符合国家安全规定；

（三）定期对校舍安全进行检查，对需要维修的，及时予以维修；对确认的危房，及时予以改造。

举办学校的地方人民政府应当依法维护学校周边秩序，保障师生和学校的合法权益，为学校提供安全保障。

有条件的，学校举办者应当为学校购买责任保险。

第三章　校内安全管理制度

第十五条　学校应当遵守有关安全工作的法律、法规和规章，建立健全校内各项安全管理制度和安全应急机制，及时消除隐患，预防发生事故。

第十六条　学校应当建立校内安全工作领导机构，实行校长负责制；应当设立保卫机构，配备专职或者兼职安全保卫人员，明确其安全保卫职责。

第十七条　学校应当健全门卫制度，建立校外人员入校的登记或者验证制度，禁止无关人员和校外机动车入内，禁止将非教学用易燃易爆物品、有毒物品、动物和管制器具等危险物品带入校园。

学校门卫应当由专职保安或者其他能够切实履行职责的人员担任。

第十八条 学校应当建立校内安全定期检查制度和危房报告制度，按照国家有关规定安排对学校建筑物、构筑物、设备、设施进行安全检查、检验；发现存在安全隐患的，应当停止使用，及时维修或者更换；维修、更换前应当采取必要的防护措施或者设置警示标志。学校无力解决或者无法排除的重大安全隐患，应当及时书面报告主管部门和其他相关部门。

学校应当在校内高地、水池、楼梯等易发生危险的地方设置警示标志或者采取防护设施。

第十九条 学校应当落实消防安全制度和消防工作责任制，对于政府保障配备的消防设施和器材加强日常维护，保证其能够有效使用，并设置消防安全标志，保证疏散通道、安全出口和消防车通道畅通。

第二十条　学校应当建立用水、用电、用气等相关设施设备的安全管理制度，定期进行检查或者按照规定接受有关主管部门的定期检查，发现老化或者损毁的，及时进行维修或者更换。

第二十一条　学校应当严格执行《学校食堂与学生集体用餐卫生管理规定》、《餐饮业和学生集体用餐配送单位卫生规范》，严格遵守卫生操作规范。建立食堂物资定点采购和索证、登记制度与饭菜留验和记录制度，检查饮用水的卫生安全状况，保障师生饮食卫生安全。

第二十二条　学校应当建立实验室安全管理制度，并将安全管理制度和操作规程置于实验室显著位置。

学校应当严格建立危险化学品、放射物质的购买、保管、使用、登记、注销等制度，保证将危险化学品、放射物质存放在安全地点。

第二十三条　学校应当按照国家有关规定配备

具有从业资格的专职医务（保健）人员或者兼职卫生保健教师，购置必需的急救器材和药品，保障对学生常见病的治疗，并负责学校传染病疫情及其他突发公共卫生事件的报告。有条件的学校，应当设立卫生（保健）室。

新生入学应当提交体检证明。托幼机构与小学在入托、入学时应当查验预防接种证。学校应当建立学生健康档案，组织学生定期体检。

第二十四条 学校应当建立学生安全信息通报制度，将学校规定的学生到校和放学时间、学生非正常缺席或者擅自离校情况、以及学生身体和心理的异常状况等关系学生安全的信息，及时告知其监护人。

对有特异体质、特定疾病或者其他生理、心理状况异常以及有吸毒行为的学生，学校应当做好安全信息记录，妥善保管学生的健康与安全信息资料，依法保护学生的个人隐私。

第二十五条 有寄宿生的学校应当建立住宿学

生安全管理制度，配备专人负责住宿学生的生活管理和安全保卫工作。

学校应当对学生宿舍实行夜间巡查、值班制度，并针对女生宿舍安全工作的特点，加强对女生宿舍的安全管理。

学校应当采取有效措施，保证学生宿舍的消防安全。

第二十六条 学校购买或者租用机动车专门用于接送学生的，应当建立车辆管理制度，并及时到公安机关交通管理部门备案。接送学生的车辆必须检验合格，并定期维护和检测。

接送学生专用校车应当粘贴统一标识。标识样式由省级公安机关交通管理部门和教育行政部门制定。

学校不得租用拼装车、报废车和个人机动车接送学生。

接送学生的机动车驾驶员应当身体健康，具备相应准驾车型 3 年以上安全驾驶经历，最近 3 年内任一记分周期没有记满 12 分记录，无致人伤亡的交通责任事故。

第二十七条　学校应当建立安全工作档案，记录日常安全工作、安全责任落实、安全检查、安全隐患消除等情况。

安全档案作为实施安全工作目标考核、责任追究和事故处理的重要依据。

第四章　日常安全管理

第二十八条　学校在日常的教育教学活动中应当遵循教学规范，落实安全管理要求，合理预见、积极防范可能发生的风险。

学校组织学生参加的集体劳动、教学实习或者社会实践活动，应当符合学生的心理、生理特点和身体健康状况。

学校以及接受学生参加教育教学活动的单位必须采取有效措施，为学生活动提供安全保障。

第二十九条　学校组织学生参加大型集体活动，应当采取下列安全措施：

（一）成立临时的安全管理组织机构；

（二）有针对性地对学生进行安全教育；

（三）安排必要的管理人员，明确所负担的安全职责；

（四）制定安全应急预案，配备相应设施。

第三十条　学校应当按照《学校体育工作条例》和教学计划组织体育教学和体育活动，并根据教学要求采取必要的保护和帮助措施。

学校组织学生开展体育活动，应当避开主要街道和交通要道；开展大型体育活动以及其他大型学生活动，必须经过主要街道和交通要道的，应当事先与公安机关交通管理部门共同研究并落实安全措施。

第三十一条　小学、幼儿园应当建立低年级学生、幼儿上下学时接送的交接制度，不得将晚离学校的低年级学生、幼儿交与无关人员。

第三十二条　学生在教学楼进行教学活动和晚自习时，学校应当合理安排学生疏散时间和楼道上下顺序，同时安排人员巡查，防止发生拥挤踩踏伤害事故。

晚自习学生没有离校之前，学校应当有负责人和教师值班、巡查。

第三十三条　学校不得组织学生参加抢险等应当由专业人员或者成人从事的活动，不得组织学生参与制作烟花爆竹、有毒化学品等具有危险性的活动，不得组织学生参加商业性活动。

第三十四条　学校不得将场地出租给他人从事易燃、易爆、有毒、有害等危险品的生产、经营活动。

学校不得出租校园内场地停放校外机动车辆；不得利用学校用地建设对社会开放的停车场。

第三十五条　学校教职工应当符合相应任职资格和条件要求。学校不得聘用因故意犯罪而受到刑事处罚的人，或者有精神病史的人担任教职工。

学校教师应当遵守职业道德规范和工作纪律，

不得侮辱、殴打、体罚或者变相体罚学生；发现学生行为具有危险性的，应当及时告诫、制止，并与学生监护人沟通。

第三十六条　学生在校学习和生活期间，应当遵守学校纪律和规章制度，服从学校的安全教育和管理，不得从事危及自身或者他人安全的活动。

第三十七条　监护人发现被监护人有特异体质、特定疾病或者异常心理状况的，应当及时告知学校。

学校对已知的有特异体质、特定疾病或者异常心理状况的学生，应当给予适当关注和照顾。生理、心理状况异常不宜在校学习的学生，应当休学，由监护人安排治疗、休养。

第五章　安　全　教　育

第三十八条　学校应当按照国家课程标准和地方课程设置要求，将安全教育纳入教学内容，对学生开展安全教育，培养学生的安全意识，提高学生的自我防护能力。

第三十九条 学校应当在开学初、放假前，有针对性地对学生集中开展安全教育。新生入校后，学校应当帮助学生及时了解相关的学校安全制度和安全规定。

第四十条 学校应当针对不同课程实验课的特点与要求，对学生进行实验用品的防毒、防爆、防辐射、防污染等的安全防护教育。

学校应当对学生进行用水、用电的安全教育，对寄宿学生进行防火、防盗和人身防护等方面的安全教育。

第四十一条 学校应当对学生开展安全防范教育，使学生掌握基本的自我保护技能，应对不法侵害。

学校应当对学生开展交通安全教育，使学生掌握基本的交通规则和行为规范。

学校应当对学生开展消防安全教育，有条件的可以组织学生到当地消防站参观和体验，使学生掌握基本的消防安全知识，提高防火意识和逃生自救的能力。

学校应当根据当地实际情况，有针对性地对学生开展到江河湖海、水库等地方戏水、游泳的安全卫生教育。

第四十二条 学校可根据当地实际情况，组织师生开展多种形式的事故预防演练。

学校应当每学期至少开展一次针对洪水、地震、火灾等灾害事故的紧急疏散演练，使师生掌握避险、逃生、自救的方法。

第四十三条 教育行政部门按照有关规定，与人民法院、人民检察院和公安、司法行政等部门以及高等学校协商，选聘优秀的法律工作者担任学校的兼职法制副校长或者法制辅导员。

兼职法制副校长或者法制辅导员应当协助学校检查落实安全制度和安全事故处理、定期对师生进行法制教育等，其工作成果纳入派出单位的工作考核内容。

第四十四条　教育行政部门应当组织负责安全管理的主管人员、学校校长、幼儿园园长和学校负责安全保卫工作的人员，定期接受有关安全管理培训。

第四十五条　学校应当制定教职工安全教育培训计划，通过多种途径和方法，使教职工熟悉安全规章制度、掌握安全救护常识，学会指导学生预防事故、自救、逃生、紧急避险的方法和手段。

第四十六条　学生监护人应当与学校互相配合，在日常生活中加强对被监护人的各项安全教育。

学校鼓励和提倡监护人自愿为学生购买意外伤害保险。

第六章　校园周边安全管理

第四十七条　教育、公安、司法行政、建设、交通、文化、卫生、工商、质检、新闻出版等部门应当建立联席会议制度，定期研究部署学校安全管理工作，依法维护学校周边秩序；通过多种途径和方式，听取学校和社会各界关于学校安全管理工作的意见和建议。

第四十八条 建设、公安等部门应当加强对学校周边建设工程的执法检查，禁止任何单位或者个人违反有关法律、法规、规章、标准，在学校围墙或者建筑物边建设工程，在校园周边设立易燃易爆、剧毒、放射性、腐蚀性等危险物品的生产、经营、储存、使用场所或者设施以及其他可能影响学校安全的场所或者设施。

第四十九条 公安机关应当把学校周边地区作为重点治安巡逻区域，在治安情况复杂的学校周边地区增设治安岗亭和报警点，及时发现和消除各类安全隐患，处置扰乱学校秩序和侵害学生人身、财产安全的违法犯罪行为。

第五十条 公安、建设和交通部门应当依法在学校门前道路设置规范的交通警示标志，施划人行横线，根据需要设置交通信号灯、减速带、过街天桥等设施。

在地处交通复杂路段的学校上下学时间，公安机关应当根据需要部署警力或者交通协管人员维护道路交通秩序。

第五十一条　公安机关和交通部门应当依法加强对农村地区交通工具的监督管理，禁止没有资质的车船搭载学生。

第五十二条　文化部门依法禁止在中学、小学校园周围 200 米范围内设立互联网上网服务营业场所，并依法查处接纳未成年人进入的互联网上网服务营业场所。工商行政管理部门依法查处取缔擅自设立的互联网上网服务营业场所。

第五十三条　新闻出版、公安、工商行政管理等部门应当依法取缔学校周边兜售非法出版物的游商和无证照摊点，查处学校周边制售含有淫秽色情、凶杀暴力等内容的出版物的单位和个人。

第五十四条　卫生、工商行政管理部门应当对校园周边饮食单位的卫生状况进行监督，取缔非法经营的小卖部、饮食摊点。

第七章　安全事故处理

第五十五条　在发生地震、洪水、泥石流、台风等自然灾害和重大治安、公共卫生突发事件时，教育等部门应当立即启动应急预案，及时转移、疏散学生，或者采取其他必要防护措施，保障学校安全和师生人身财产安全。

第五十六条　校园内发生火灾、食物中毒、重大治安等突发安全事故以及自然灾害时，学校应当启动应急预案，及时组织教职工参与抢险、救助和防护，保障学生身体健康和人身、财产安全。

第五十七条　发生学生伤亡事故时，学校应当按照《学生伤害事故处理办法》规定的原则和程序等，及时实施救助，并进行妥善处理。

第五十八条　发生教职工和学生伤亡等安全事故的，学校应当及时报告主管教育行政部门和政府有关部门；属于重大事故的，教育行政部门应当按照有关规定及时逐级上报。

第五十九条　省级教育行政部门应当在每年1月31日前向国务院教育行政部门书面报告上一年度学校安全工作和学生伤亡事故情况。

第八章　奖励与责任

第六十条　教育、公安、司法行政、建设、交通、文化、卫生、工商、质检、新闻出版等部门，对在学校安全工作中成绩显著或者做出突出贡献的单位和个人，应当视情况联合或者分别给予表彰、奖励。

第六十一条　教育、公安、司法行政、建设、交通、文化、卫生、工商、质检、新闻出版等部门，不依法履行学校安全监督与管理职责的，由上级部门给予批评；对直接责任人员由上级部门和所在单位视情节轻重，给予批评教育或者行政处分；构成犯罪的，依法追究刑事责任。

第六十二条　学校不履行安全管理和安全教育

职责，对重大安全隐患未及时采取措施的，有关主管部门应当责令其限期改正；拒不改正或者有下列情形之一的，教育行政部门应当对学校负责人和其他直接责任人员给予行政处分；构成犯罪的，依法追究刑事责任：

（一）发生重大安全事故、造成学生和教职工伤亡的；

（二）发生事故后未及时采取适当措施、造成严重后果的；

（三）瞒报、谎报或者缓报重大事故的；

（四）妨碍事故调查或者提供虚假情况的；

（五）拒绝或者不配合有关部门依法实施安全监督管理职责的。

《中华人民共和国民办教育促进法》及其实施条例另有规定的，依其规定执行。

第六十三条　校外单位或者人员违反治安管理规定、引发学校安全事故的，或者在学校安全事故处理过程中，扰乱学校正常教育教学秩序、违反治安管理规定的，由公安机关依法处理；构成犯罪的，依法追究其刑事责任；造成学校财产损失的，依法承担赔偿责任。

第六十四条　学生人身伤害事故的赔偿，依据有关法律法规、国家有关规定以及《学生伤害事故处理办法》处理。

第九章　附　　则

第六十五条　中等职业学校学生实习劳动的安全管理办法另行制定。

第六十六条　本办法自 2006 年 9 月 1 日起施行。